수상한 로봇 가게

수상한 로봇 가게

정재은 글 | 김중석 그림
오준호(KAIST 기계공학과 교수) 멘토

주니어김영사

멘토의 말

무한한 상상력과
꿈의 세계로 초대해요!

여러분이 생각하는 로봇 세상은 어떤가요? 저는 로봇공학자로서 미래의 로봇 세상을 만들어 갈 여러분들이 어떤 로봇을 상상하고 꿈꾸는지 늘 궁금해 왔어요. 그런데 아주 유쾌하고 재미있는 이 이야기를 읽으면서 그 궁금증을 해소할 수 있었답니다. 정말로 이 책에 등장하는 '봇맘'처럼 로봇이 가족처럼 친구처럼 내 곁에 항상 있으면 얼마나 좋을까요? 아니 그것보다 내가 하기 싫은 숙제나 방 청소를 대신해 주는 로봇이 더 좋다고요? 만약 여러분이 봇맘 같은 로봇을 만들 수 있는 힘과 지식이 있다면 어떨까요? 더 신 나지 않을까요?

여러분도 '휴보'라는 인간형 로봇을 본 적이 있을 거예요. 휴보는 일본의 '아시모'에 이어 세계에서 두 번째로 사람처럼 두 발로 걸을 수 있는 로봇이에요. 휴보를 개발하면서 우리나라도 세계에서 손꼽히는 '로봇강국'이라는 명성을 얻었지요. 하지만 휴보를 탄생시키기 위해서 저를 비롯한 많은 과학자들이 끊임없이 과학기술을 공부하고 연구했으며, 지금도 보이지 않는 곳에서 열심히 노력하고 있어요. 그런데 휴보나 아시모가 여러분이 꿈꾸는 영화 속 멋진 로봇으로 성장하려면 아직도 한참을 기다려야 해요. 아직까지는 우리의 과학기술이 부족하기 때문이지요.

  로봇을 만들기 위해서는 기계 설계는 물론 로봇의 두뇌인 인공지능과 감각기관인 센서 그리고 영상이나 음성 인식 기술까지 수많은 지식이 필요해요. 그래서 로봇공학자가 되기 위해서는 로봇에 대한 흥미는 물론 로봇에 관한 전문적인 지식도 차곡차곡 쌓아야 하지요. 그러니까 지구에서 가장 똑똑한 로봇을 만들고 싶은 친구들은 앞으로 세계적인 지식과 과학기술을 공부하고 싶다는 큰 꿈을 가져야 한답니다.

  이 책에서 펼쳐지는 세계가 바로 저와 여러분이 꿈꾸던 세계일 것입니다. 이 책을 읽으면서 여러분도 무한한 상상력과 꿈을 가진 로봇공학자로 성장하길 기대합니다. 저는 여러분의 선배로서 앞으로 많은 후배 로봇공학자들이 탄생해서 우리나라가 로봇공학의 선두 주자가 되길 바랍니다. 이제 미래는 여러분의 것입니다.

멘토 오준호

작가의 말

로봇공학자를 꿈꾸는 친구들에게!

여러분은 '로봇' 하면 뭐가 떠오르나요? '또봇'을 비롯해 '건담' 프라 모델 시리즈와 로봇 경찰 '로보캅', 우리나라 최고의 휴머노이드 로봇 '휴보'……. 멋진 로봇들이 줄줄 떠오르지요? 영화 〈트랜스포머〉의 '오토봇'도 생각난다고요? 오토봇은 로봇이 아니에요. 외계인이랍니다.

저는 로봇 청소기가 맨 먼저 생각나요. 좀 시시하다고요? 청소를 무지무지 싫어하는 아줌마라 어쩔 수 없어요. 로봇 청소기가 처음 나왔을 때 사고 싶어서 얼마나 발을 굴렀게요. 점점 발전하는 로봇 청소기를 보며 '아기 로봇 청소기가 점점 자라 훌륭한 어른이 되고 있구나!' 하고 대견스럽기까지 했어요. 로봇은 스스로 판단하고 행동하기 때문에 생명이 없는데도 꼭 살아 있는 느낌이거든요.

이 책을 쓰면서 저는 미래의 로봇 세상에 대해 많은 상상을 해 보았어요. 그러는 동안 저절로 꿈에 대해 생각하게 되었어요. 로봇이야말로 불가능할 것만 같은 꿈을 현실로 만드는 아주 특별한 것이니까요.

아주 먼 옛날부터 사람들은 로봇을 꿈꿨어요. 스스로 움직이는 기계가 있었으면 하는 꿈을 가졌던 사람들, 또 그 꿈을 이루기 위해 여러 궁리를 하고 과학기술을 공부하면서 연구한 사람들이 동서양에 모두 있었지요. 그 결과 지금 우리는 로봇의 도움을 받으며 편리하게 살 수 있게 되었어요. 사람들이 로봇에 대한 꿈을 꾸지 않았다면, 그리고 그 꿈을 이루기 위해 노력하지 않았다면 지금의 로봇 세상은 이뤄지지 않았을 거예요. 적어도 지금보다는 훨씬 나중의 일이 되었겠지요.

이 책을 읽는 여러분들도 부디 자신이 정말 좋아하는 일을 꿈꾸었으면 좋겠어요. 남의 눈치를 보지 말고, 다른 사람의 기대는 생각하지 말고 오직 나만의 꿈 말이에요. 꿈이 정해지고 나면 항상 마음에 품고 주위를 두리번거리세요. 그러면 내 꿈을 이룰 구체적인 방법을 찾을 수 있을 거예요. 그 꿈이 어떤 것이든 저는 여러분을 응원할게요. 아자!

참, 여러분들 중 로봇공학자를 꿈꾸는 친구가 있다면 부탁 하나 해도 될까요? 로봇공학자가 되면 열쇠나 휴대전화, 리모컨 같은 작은 물건을 잃어버렸을 때 찾아 주는 로봇 좀 만들어 줄래요? 아무리 작은 물건도 단숨에 찾을 수 있고, 겉모습은 귀여운 사막 여우 같아서 평소에는 친구처럼 지낼 수 있는 로봇으로요. 이런 로봇이 탄생한다면 나처럼 깜빡깜빡하는 아줌마들에게 큰 기쁨이 될 거예요.

정재은

차례

멘토의 말	4
작가의 말	6

진진 로봇 병원　　10
· 기계와 로봇은 어떻게 다른가요?
· 로봇도 감정을 가질 수 있나요?

수상한 로봇 가게　　26
· 인간의 일을 대신 하기 위해 만들어진 로봇에는 어떤 것들이 있나요?

로봇이 되고 싶은 남자　　46
· 사이보그가 정말 있나요?
· 미래의 사이보그는 어떻게 생겼을까요?

싸이몬의 정체를 밝혀라 66
· 휴머노이드와 안드로이드가 뭐예요?
· 로봇이 두 발로 걷는 게 정말 어려운 건가요?

사라진 봇맘 86
· 보이지 않는 로봇 세상이 곧 온다고요?
· 로봇이 인간을 해치면 어떡하죠?

봇맘 구출 작전 102
· 멋진 로봇공학자가 되고 싶은데, 어떤 공부를 해야 할까요?
· 로봇 축구 대회에 관해 좀 더 알고 싶어요!

진진 로봇 병원

"2시 11분. 강진진, 교문을 통과했습니다."

나는 교문 보안 시스템이 봇맘에게 보내는 메시지를 흉내내며 습관적으로 학교 앞 담벼락을 후루룩 훑었다.

"뭐야, 진진. 아직도 봇맘을 찾는 거야?"

로미가 어깨를 툭 치며 물었다.

"아냐, 그런 거. 헤헤."

나는 혼자서 집을 잘 찾아가고도 남을 열 살이다. 하지만 아직도 가끔씩 내 보모 로봇인 봇맘이 나를 데리러 왔으면 좋겠다. 일학년 때처럼 교문 앞에 주르르 늘어서 있는 비슷비슷한 보모 로봇들 가운데 봇맘 찾기 놀이를 하고 싶다.

"금방 눈에 띄게 따로 서 있으면 안 돼. 다른 로봇들 사이에 꼭 꼭 숨어 있어. 알았지?"

나는 아침마다 봇맘에게 단단히 일러 놓고 학교에 갔다. 학교가 끝나면 교문 앞에 서서 숨은 그림 찾기 놀이를 하듯 봇맘을 찾았다. 봇맘은 맨 구석에 숨어 있기도 하고, 다른 로봇과 똑같은 자세를 취하기도 하고, 일부러 다른 쪽을 쳐다보며 내 눈에 띄지 않으려고 노력했다. 하지만 나는 매번 정확하게 봇맘을 찾아냈다. 비슷하게 생긴 로봇들을 찬찬히 살펴볼 때의 떨림, 맞았는지 확인하려고 봇맘의 팔을 딱 잡았을 때의 차갑고 딱딱한 느낌, 들킨 뒤 실망한 봇맘의 볼멘소리.

"내일은 더 잘 숨을 거야."

봇맘은 날마다 다짐했지만 나 명탐정, 진진 님에게는 어림도 없었다.

"요즘엔 애들을 데리러 오는 보모 로봇도 별로 없어. 봐, 순 새들 뿐이잖아."

학교 앞에는 앵무새들이 조르르 앉아 저학년 아이들을 기다리고 있었다. 정확히 말하면 앵무새가 아니라 새 모양의 로봇이다. 앵무새 로봇은 보모 로봇을 대신해 요정처럼 날아다니며 아이들이 안전하게 집에 돌아가도록 도와주는 신제품 로봇이다.

호르르 갑자기 앵무새들이 날아올랐다. 그 뒤에서 웬 아저씨가 두 손을 허우적거리며 앵무새 로봇을 쫓았다. 아니, 잡는 중일까? 앵무새 로봇들은 이상한 아저씨를 피해 높은 나무 꼭대기로 올라갔다. 그러자 아저씨는 닭 쫓던 개처럼 위를 쳐다보며 고래고래 소리를 질렀다.

"날 줄 안다 이거지? 흥! 전자파 그물도 피할 수 있나 어디 두고 봐라!"

아저씨는 뒷주머니에서 파리채 같은 것을 꺼내 휘둘렀다. 그러자 무지갯빛이 반짝하고 스치더니 새 한 마리가 툭 떨어졌다. 빛이 너무 강렬하게 반짝거리는 바람에 눈을 잠시 감았다. 다시 눈을 떠 보니 이상한 아저씨는 사라지고 없었다.

"로미야, 봤어? 어떤 아저씨가 앵무새 로봇을 잡아 간 것 같아."

"아니, 못 봤는데. 에이, 설마. 학교 운동장 보안 시설이 완벽히 되어 있을 텐데 어떻게 잡아가?"

"그……그렇겠지? 보는 눈이 이렇게 많은 학교 앞에서 로봇을 훔치지는 않겠지?"

나는 로미의 말처럼 잘못 본 것이라 생각했지만, 왠지 꺼림칙한 기분이 들었다.

"근데 앵무새 로봇, 정말 귀엽지 않니? 애완용으로도 괜찮대. 있지, 있지. 나도 강아지 로봇 하나 사려고. 우리 집에는 사람들뿐이라 너무 삭막해. 넌 어때?"

우리 집에는 로봇 팔, 로봇 다리가 넘쳐 나는 걸 뻔히 알면서도 로미는 내게 물었다. 나는 대답 대신 흐흐 웃었다.

"어떤 로봇이 좋을까? 너희 아빠한테 물어봐야겠다. 오늘 나도 너희 집에 갈래."

로미는 내 허락도 받지 않고 결정했다. 제멋대로 친한 척하는 게 로미의 매력이다. 하지만 봇맘의 허락은 받아야 할걸! 바로 그 순

간 봇맘의 목소리가 들렸다.

"로미 어머니의 허락이 먼저야."

로미와 나는 소스라치게 놀라 뒤를 돌아보았다.

"어머, 봇맘. 나 데리러 온 거야? 그런 말 없었잖아."

나는 봇맘의 팔을 덥석 잡으며 말했다. 차갑고 딱딱한 느낌이 좋았다.

"시장 다녀오는 길에 들렀어."

마음은 안 그러면서 봇맘은 늘 무뚝뚝하게 말한다. 이건 우리 엄마 때문이다.

우리 엄마는 로봇공학자이다. 엄마는 봇맘의 인공지능 소프트웨어 프로그램을 짜면서, 봇맘의 목소리를 자신과 꼭 닮은 무뚝뚝한 말투로 설정했다. 익숙한 엄마의 말투와 닮아서인지 나는 금세 봇맘이 좋아졌다. 하지만 어떤 사람들은 봇맘의 말투가 무뚝뚝하다 못해 건방지다고 불평한다. 로미도 맨날 그런다.

"진진, 봇맘은 왜 반말이야? 인간에게 반말하는 보모 로봇은 봇맘밖에 없어."

공장에서 대량으로 만들어 판매하는 다른 보모 로봇들은 어린이들에게도 존댓말을 쓴다. 하지만 봇맘은 그런 로봇들과 다르다. 어린이에게는 반말을 하고, 어른에게는 존댓말을 쓰는 것 정도는 구분할 줄 아는 똑똑한 로봇이다.

"봇맘은 어른이잖아."

"로봇이 어른은 무슨……."

로미는 입술을 삐죽댔다. 하지만 나는 한 번도 봇맘이 어른이 아니라고 생각한 적이 없다. 봇맘은 내가 일곱 살 때부터 지금까지 나와 우리 가족을 보살펴 주는 '진짜' 어른이다.

봇맘은 원래 S사에서 만든 휴머노이드 가정용 로봇 R007이었다. 엄마는 R007을 구입한 뒤에 하드웨어 프로세서를 최신 사양으로 바꾸고 엄마가 설계한 최신 인공지능 소프트웨어 프로그램

을 설치했다. 덕분에 봇맘은 웬만한 사람보다 더 똑똑하고 현명하게 판단하고 학습할 수 있다. 겉모습만 R007과 같을 뿐 완전히 다른 로봇이 된 것이다.

"진진, 엄마가 없는 동안 봇맘이 엄마보다 더 잘 돌봐 줄 거야. 딱 1년만 참아."

엄마는 그렇게 똑똑한 봇맘에게 나를 맡기고 화성에 있는 우주 기지로 떠났다.

우주 기지에서 로봇은 사람 대신 고장 난 우주선을 고치고, 탐사를 하고, 새로운 우주 기지를 짓는다. 사람이 하기 어려운 일을 대신 해 주는 아주 중요한 존재이다. 엄마는 그 중요한 로봇을 관리하는 일을 맡았다.

엄마는 1년만 화성에 있기로 했는데, 약속한 1년은 2년을 넘어 3년이 다 돼 가고 있다. 결국 엄마는 나와의 약속을 지키지 못했다. 하지만 전부 다 지키지 않은 것은 아니다. 봇맘이 엄마보다 더 나를 잘 돌봐 줄 것이라는 말은 사실이었고, 나는 그것으로 충분했다.

연구소 앞에 아빠가 망치를 들고 서 있었다. 엄마처럼 첨단 과학을 연구하는 로봇공학자이지만 아빠는 원시 시대의 유물 같은

망치, 톱, 대패 따위를 매우 좋아한다. 질 좋은 원목을 만나면 반해서 어쩔 줄 모른다. 아빠는 과학자의 생명은 상상력이라며 늘 나무를 자르고, 깎고, 다듬어 무엇인가를 만들어 낸다. 로봇에게 시키면 충분한 일들을 직접 하는 것이다.

"진진, 이것 좀 봐. 어? 로미도 왔구나. 둘 다 아빠의 작품을 좀 보렴."

아빠는 나무로 만든 간판을 자랑스럽게 내밀었다.

"진진 로봇 병원? 이게 뭐예요?"

"우리 연구소 이름을 '진진 로봇 병원'으로 바꾸기로 했어. 로봇의 부품을 연구하고, 고쳐 주는 로봇 병원 말이야. 이 간판은 따뜻한 로봇 병원 이미지를 상상하면서 내가 만들었어. 어때?"

아빠는 간판과 망치를 들고 으스댔다. 의외로 촌스러운 나무 간판은 매끈한 건물과 묘하게 어울렸다.

"음, 봐 줄 만은 해요."

내 말에 신 난 아빠는 봇맘에게도 물었다.

"어때? 봇맘. 괜찮지? 멋지지?"

"박사님 연구소이니까 박사님 마음대로 하십시오."

봇맘다운 멋진 대답이었다. 로미는 깔깔거리며 웃었다.

"아저씨, 이게 뭐예요? 옛날 역사 드라마에 나오는 간판 같아요. 너무 구식이라고요."

"그렇지? 고풍스럽지? 역시 내 감각은 알아줘야 해."

언제나 긍정적인 아빠는 로미가 놀리는 말도 칭찬으로 받아들였다. 아빠는 신이 나서 목소리를 높였다.

"우리 연구소는 최첨단이지만 첨단일수록 자연의 소중함을 잊으면 안 돼. 나뭇결이 살아 있는 따뜻한 간판, 얼마나 좋아. 로봇 병원에 딱 맞는 느낌이지. 간판아, 내가 튼튼하게 박아 주마."

아빠는 망치를 쥔 손을 높이 들어 올렸다. 순간 내 예민한 직감이 빨간 불을 번쩍였다.

"아빠, 그런 일은 봇맘에게……."

내 말이 끝나기도 전에 아빠는 못 대신 손가락을 힘껏 내리쳤다.

"끼아악~ 아얏! 아이고! 이런!"

아빠는 아픈 손가락을 붙들고 팔짝팔짝 뛰었다. 나는 펄떡이는 아빠를 진정시켜 손가락을 살펴보려 했지만 아빠는 보여 주지 않았다. 온통 찌푸린 얼굴로 상처가 얼마나 아픈지만 알려 주었다.

어느 새 봇맘이 약상자를 들고 나타났다.

"닥터 강. 손가락을 내미세요."

아빠는 말 잘 듣는 아이가 되어 순순히 손가락을 내밀었다. 피가 엉겨 붙은 엄지손톱이 제자리에서 삼분의 일쯤 밀려나 있었다. 보기만 해도 소름끼치게 아팠다. 봇맘은 아빠의 상처를 소독하고 약을 바르고 밴드를 붙였다.

"닥터 강은 의사니까 상처에 대한 설명은 하지 않겠습니다."

로봇공학자이자 허구한 날 다치기가 일쑤인 아빠는 로봇공학자가 되기 전에 정형외과 의사였다고 한다.

아빠는 목숨이 위태로울 정도로 위험한 스포츠를 좋아한다. 계단 위에서 자전거 묘기를 부리고, 100층 짜리 빌딩 벽을 기어 오르고, 낙하산 하나만 달랑 메고 하늘에서 떨어지는 그런 스포츠 말이다. 젊었을 때에는 한참 '윙슈트'라는 새 날개 같은 옷을 입고 높은 빌딩에서 떨어지는, 서커스 같은 스포츠에 푹 빠졌단다. 그러다 잘못 떨어지는 바람에 크게 다쳐서 오른쪽 다리 허벅지 아랫부분을 몽땅 잘라 내야 했다. 아빠는 잘라 낸 오른쪽 다리 대신 로봇 다리를 달고 사이보그로 새로 태어났다. 그때 아빠는 로봇 다리의 매력에 푹 빠져 로봇공학을 공부하기 시작했고, 지금은 로봇 기술로 인공장기를 만드는 로봇공학자가 되었다.

붓맘은 아빠가 달다가 실패한 간판을 수평이 맞게, 정확하고 완벽하게 현관문에 달아 놓은 다음 성큼성큼 집 안으로 들어갔다. 뒷모습조차 믿음직스러웠다.

"새로 살 강아지 로봇이 붓맘만큼 똑똑했으면 좋겠어. 요즘에는 지능이 사람만큼 뛰어난 로봇도 많다던데……"

그게 불가능하다는 사실은 로미도 알고 있겠지.

로봇공학자가 들려주는 로봇 이야기
로봇이란 무엇일까?

 기계와 로봇은 어떻게 다른가요?

 기계는 에너지를 이용해 일을 하거나 또 다른 에너지를 만들어. 엘리베이터, 자동차, 세탁기, 전기밥솥 등과 같은 기계는 인간의 일을 대신해 주지. 그렇다면 로봇도 기계라고 할 수 있겠지? 다만 로봇은 엘리베이터나 세탁기와는 조금 달라. 로봇이 되기 위해서는 특별한 조건이 필요하거든.

로봇의 조건
❶ 자동 장치로 스스로 움직여야 한다.
❷ 주변의 상황에 스스로 반응해야 한다.

다시 말해 로봇은 스스로 판단하고, 움직이는 최첨단 기계라고 할 수 있어. 요즘에는 사람을 닮은 로봇의 모습은 아니지만 로봇의 기능을 담고 있는 기계도 많단다. 센서와 자동 장치를 달아 사람이 운전하지 않아도 자동으로 주차를 할 수 있는 자동차 로봇 등 다양한 모습의 로봇이 생겨나고 있어. 어때, 신기하지?

 ## 로봇도 감정을 가질 수 있나요?

 이미 너희들도 영화나 만화영화 등을 보면서 인간과 닮은 로봇을 많이 상상했을 거야. 이 로봇들은 단순히 사람들이 하기 힘든 일만 도와주는 것이 아니라 사람과 함께 살아가면서 친구 같은 모습을 보여 주지. 그런데 로봇도 감정을 가질 수 있냐고? 지금의 과학기술로는 힘들지만 과학자들은 감정을 지닌 로봇을 만들기 위해 열심히 노력하고 있지.

몇 년 전 우리나라에서 개발된 '키보'는 전후좌우로 움직일 수 있는 눈동자와 눈꺼풀, 이리저리 움직이는 눈썹 그리고 고무로 만든 입술이 달려 있어서 여러 표정을 지을 수 있는 로봇이야. 상황에 따라 우리에게 따뜻한 미소를 보여 주거나, 화가 나면 찡그릴 수 있어서 우리에게 좀 더 친밀하게 다가오지. 뿐만 아니라 어린이들과 함께 영어 공부를 하는 로봇이나 할아버지 할머니의 기억력을 높이는 데 도움을 주는 로봇 등도 개발되었어. 때로는 선생님처럼, 때로는 친구처럼 우리가 재미있게 학습할 수 있도록 도와준단다.

▎눈물 연기를 하는 키보

수상한 로봇 가게

"어휴, 진진이 넌 좋겠다……."

로미가 한숨을 쉬며 말을 꺼냈다. 요 며칠 째 벌써 열 번도 넘게 들은 말을 또 시작한 것이다. 나는 재빨리 로미의 말을 가로채 나머지 부분을 대신해 줬다.

"우리 아빠가 로봇공학자라서? 강아지 로봇이 갖고 싶다고 말만 하면 마음에 딱 들게 척척 만들어 줄 테니까?"

로미는 나를 흘기더니 킬킬 웃음을 터뜨렸다.

"엄마가 비싼 건 못 사 준다고 해서 고르기가 더 힘들어."

"꼭 비싼 새 로봇이 아니라도 괜찮지 않아? 중고 로봇도 꽤 괜찮다고 하던데."

"정말 그럴까?"

순간 로미가 눈빛을 반짝였다. 우리는 학교 건너편에 새로 생긴 중고 로봇 가게로 달려갔다.

가게 안에는 아무도 없었다. 로미는 문 앞에 쌓인 중고 로봇들 가운데 강아지 로봇을 발견하고는 신이 나서 이것저것 만져 보느라 정신없어 보였다. 로미가 강아지 로봇을 살펴보는 동안 나는 가게 안을 둘러보았다. 어두운 조명 때문인지 분위기가 좀 음침했다. 안쪽 구석에는 로봇을 수리하는 데 쓸 법한 검은 테이블이 놓여 있었고, 그 위에는 온갖 위험한 기계 장비들이 널려 있었다. 한때 유행했던, 주먹으로 치는 힘을 아주 세게 해 준다는 슈퍼 주먹 로봇과 유리에 찰싹 달라붙는 유리창 청소 로봇, 학교 앞에서 자주 보던 앵무새 로봇 몇 마리도 마구잡이로 쌓여 있었다. 어떤 것들은 반쯤 분해 되어 몸체와 부품이 여기저기 흩어져 있었고, 어떤 것은 멀쩡한 채로 고철처럼 쌓여 있었다. 로봇 가게라기보다는 꼭 중고 로봇 수리점 같았다.

검은 테이블 옆에는 크고 두꺼운 철문이 있었다. 철문이 조금 열려 있기에 나도 모르게 기웃거리며 안을 들여다보았다.

"뭐냐?"

철문 안에서 시커먼 옷을 입은 아저씨가 불쑥 튀어나왔다. 너무 놀라서 주저앉을 뻔했다.

"저, 저는 손님인데요."

"손님?"

아저씨는 갑자기 미소를 지었다. 태어나서 처음으로 웃어 본 사람처럼 표정이 어색하고 억지스러웠다. 미소뿐 아니라 아저씨 생김새 자체가 뭔지 모르게 어색했다. 상반신에 비해 다리가 너무 길어서 장대 위에 선 어릿광대 같았다. 한쪽 귀에 동그란 기계를 붙인 모습이 꼭 로봇같기도 했다. 지저분한 머리카락이며 험상궂은 인상은 어디서 본 것 같기도 하고…….

"난 여기 주인 싸이몬이다. 뭘 사려고?"

아! 생각났다. 학교 앞에서 앵무새 로봇을 괴롭히던 이상한 아저씨였다.

"아저씨는 우리 학교 앞에서 앵무새 로봇을 괴롭히던……?"

"무, 무슨 소리냐? 그래, 뭘 사러 왔다고?"

싸이몬은 테이블 위의 너저분하게 쌓여 있던 로봇들을 상자에 와르르 담아 급하게 철문 안으로 던져 넣었다. 앵무새 로봇 하나가 문 앞에 툭 떨어졌다. 싸이몬은 그것을 발로 톡 차서 철문 안으로 집어 넣었다.

"강아지 로봇을 사려고요."

"문 앞에 있다."

문 쪽으로 걸어가며 나는 싸이몬의 귀를 힐끗거렸다. 궁금해서 더는 못 참겠다.

"아저씨, 귀에 붙인 건 뭐예요?"

"왜, 이상하냐?"

"꼭 그런 건 아닌데 궁금해서요."

"이건 멀리서 나는 작은 소리도 들을 수 있는 보조 귀야. 고물 로봇에서 부품을 떼어서 직접 만들었지. 보기에는 이래도 성능은 꽤 좋아. 1킬로미터 밖에서 내 흉을 보는 소리도 단번에 들을 수 있지. 인간의 귀는 너무 둔하잖아."

"아, 아저씨도 로봇공학자예요?"

나는 어지럽게 쌓여 있는 로봇들을 가리키며 물었다. 싸이몬은 퉁명스럽게 대답했다.

"그럼 얼마나 좋겠냐? 내 몸을 싹 바꿔 버리는 건데……. 그건 그렇고, 강아지는 골랐냐?"

로미는 강아지 로봇을 세 마리나 끌어안고서 고개를 저었다.

"결정을 못 하겠어요. 다 마음에 들고, 다 마음에 안 들어요. 조

금 더 생각해 봐도 돼요?"

아저씨는 대답 대신 우리를 가게 밖으로 떠밀고 문을 쾅 닫았다. 쫓겨난 기분이었다.

학교에 이상한 소문이 돌았다. 밤이면 로봇 귀신이 나타나 로봇들을 하늘나라로 데려간다는 황당한 소문이었다. 로미는 내게 로봇 귀신 소문을 들려주며 끔찍하다고 호들갑을 떨었다. 하지만 귀신이라니, 말도 안 된다.

"세상에 귀신이 어디 있어? 소문은 무성하지만 귀신의 존재를 과학적으로 증명한 사람은 없어. 백 번 양보해서 귀신이 있다 치자. 그래도 로봇이 죽어서 귀신이 된다는 건 말도 안 돼. 로봇은 처음부터 살아 있지도 않았거든! 생명이 없다고. 죽은 로봇이 어떻게 또 죽어 귀신이 되냐?"

로미의 눈이 토끼처럼 똥그래졌다.

"진진, 네가 그렇게 말할 줄 몰랐어. 그럼 봇맘도 죽어 있다는 거야?"

아! 그건 아니다. 나는 한 번도 봇맘이 생명이 없는 존재라고 생각해 본 적이 없다. 봇맘은 그냥 봇맘일 뿐! 하지만 봇맘도 로봇이긴 하다.

로봇이 사라진다는 소문은 사실이었다. 학생들이 가져온 로봇들 말고도 학교 정문을 감시하는 로봇 눈 하나와 저학년들의 하교를 도와주는 앵무새 로봇 두 마리가 사라졌다고 했다. 선생님들은 로봇 귀신이 아니라 로봇 도둑을 의심하며 학생들에게 당분간 학교에 로봇을 가져오지 말라고 했다.

"흠, 앵무새 로봇이 사라졌단 말이지?"

나는 교실 창밖으로 보이는 앵무새 로봇들을 쳐다보았다.

며칠 전 앵무새 로봇을 쫓아다니던 아저씨가 있었다. 그 아저씨는 중고 로봇 가게의 주인이다. 가게에는 앵무새 로봇이 뜯긴 채 널브러져 있었고, 그 아저씨의 귀에는 로봇의 부품과 칩으로 만든 요상한 로봇 귀가 달려 있다. 그렇다면 그 아저씨가 앵무새 로봇을 훔친 도둑일까, 아닐까? 명탐정 진진 님께서 직접 알아봐야겠다.

"로미야, 싸이몬 아저씨네 가게에 안 갈래?"

"왜?"

'로미에게 싸이몬이 로봇 도난 사건의 범인일지도 모른다고 말하면 무섭다고 나와 같이 안 가겠지. 위장 수사를 하러 가고 싶지만 혼자 가기는 조금 겁난다고 하면 나까지 못 가게 말리겠지. 어쩌면 봇맘한테 일러바칠지도 몰라.'

나는 잠깐 생각하다가 로미에게 이렇게 말했다.

"너 강아지 로봇 사고 싶다고 했잖아? 거기가 제일 싸다며."

"그 아저씨 좀 불친절하던데. 그래도 다시 가 볼까?"

로미는 아무 의심 없이 나를 따라나섰다.

우리는 음침하고 수상한 로봇 가게로 다시 들어갔다. 싸이몬은 테이블 앞에서 고개를 푹 숙이고 있었다.

"저기, 강아지 로봇 사러 왔는데요."

싸이몬이 고개를 번쩍 들었다. 요상한 렌즈가 달린 괴상한 안경이 코끝에서 덜렁거렸다.

"어, 안 보여. 보여. 안 보여. 보여. 아이고, 어지러워라. 이런 고물딱지."

싸이몬은 횡설수설하며 휘청거리다 안경을 홱 벗어 던졌다. 안경은 내 발밑으로 툭 떨어졌다. 나는 무심코 안경을 주워 썼다. 초점이 제대로 안 맞아서 앞이 흐렸다 선명해졌다 했다.

"이건 뭐예요?"

"인간의 눈은 너무 답답해. 못 보는 게 너무 많아. 나는 나노 입자처럼 아주 작은 것도 볼 수 있고, 지구의 성층권같이 아주 먼 곳도 볼 수 있는 훌륭한 눈을 원하지. 콘크리트 벽이나 철문도 투과해서도 볼 수 있는 그런 눈. 어때? 멋지지 않냐? 그렇게 훌륭한 로봇 눈이 있다면 당장 내 눈을 뽑고 로봇 눈을 달 텐데. 어차피 한 쪽 눈은 내 눈도 아니니까. 그런 훌륭한 눈이 없으니까 안경이라도 만들어 보는 거야. 이런 고물로는 불가능하지만 흉내라도 내 보는 거지."

싸이몬이 원하는 눈은 우리 아빠 연구소에 있다. 아니 이제는 로봇 병원이지. 아무튼 눈동자에 붙이기만 하면 나노 현미경이나 천체 망원경이 필요 없을 만큼 성능 좋은 로봇 눈들이 얼마든지 있다. 그 사실을 알면 싸이몬이 당장 두 눈을 뽑고 로봇 눈으로 바꿔 달라고 할까? 로봇 장기는 아주 비싸니까 그러지는 않겠지!

"그런 눈, 진진 로봇 병원에 있어요. 우리 아빠 로봇 연구소에요. 우리 아빠는 로봇 장기를 만드는 로봇공학자거든요."

"정말? 진진 로봇 병원? 로봇공학자? 알았다. 고맙다. 참 너희

뭘 사러 왔다고 했지? 강아지 로봇을 사겠다고? 자, 골라 봐라. 여기 푸들, 진돗개, 시추가 있단다."

로미는 벌써 푸들과 진돗개와 시추를 백 번도 넘게 쓰다듬고 있었다. 싸이몬은 어색한 미소를 지으며 우리 옆에 서서 나긋나긋 설명하기 시작했다.

"어떤 로봇을 원하니? 똑똑한 강아지 로봇을 원한다면 푸들이지. 푸들은 글자도 깨칠 줄 알고, 외국어도 배울 수 있단다. 아니면 진돗개는 어떠냐? 주인에게 충실하기로는 진돗개를 따라올 로봇이 없지. 경호 로봇이 필요 없을 만큼 주인을 잘 지킨단다. 시추는 조금 멍청한 거 알지? 그래도 집에 아이가 있으면 잘 놀아 줄 수 있는 다정한 로봇이란다."

"푸들은 다리가 너무 가늘어요. 진돗개는 예쁘긴 한데 너무 크고. 큰 강아지는 데리고 다니기 불편할 것 같아요. 시추는 너무 뚱뚱하지 않아요? 얠 보고 있으면 자꾸 뭐가 먹고 싶을 거야. 나까지 살찌겠어."

봇맘처럼 똑똑한 강아지 로봇을 사고 싶다더니 로미는 로봇의 지능은 생각도 안 하고 겉모습만 보고 있었다. 나는 그런 로미에게 도움이 될 만한 충고를 해 주었다.

"제일 예쁜 걸로 사면 어때?"

"그럴까? 그게 좋겠지?"

로미의 얼굴이 활짝 피었다. 하지만 이내 다시 고민스러운 표정으로 돌아갔다.

"근데 뭐가 제일 예쁜지 모르겠어. 용돈도 조금 벌고 싶은데. 아 저씨, 학습 데이터베이스를 팔 수 있는 강아지는 어떤 거예요?"

요즘 초등학생들 사이에는 로봇에게 새로운 기술을 가르치고 그 데이터를 로봇 회사에 보내는 일이 유행이다. 로봇 회사에서 다양한 학습 데이터를 쉽게 모으는 대가로 약간의 수고비를 주기 때문이다.

"으응. 이 진돗개 로봇이란다. 로봇을 제일 많이 만드는 S사 제품이야. 포장만 뜯었지 한 번도 사용 안 한 새 거니까 이것으로 하렴."

"음, 난 작은 개가 좋은데……."

"에휴, 까다롭기는……. 그럼 이 시추 로봇은 어떠니? 이게 제일 작단다."

"그렇긴 하네요."

로미는 시추 로봇이 든 상자를 받아 들었다. 싸이몬은 계산대로 향했다. 드디어 로미가 로봇을 고른 줄 알았나 보다. 하지만 로미는 시추 상자를 도로 내려놓았다.

"근데 시추는 학습 데이터를 못 팔잖아요."

싸이몬이 뒤를 돌았다. 얼굴은 시뻘게졌고, 코에서는 불 같은 콧

김이 훅훅 쏟아져 나왔다. 방금까지 보여 준 친절한 모습은 싹 사라지고 얼굴이 우락부락 괴물같이 변했다.

"당연하지. 시추는 멍청하다고 했잖아. 그냥 진돗개로 하라고, 진돗개. 새 제품을 중고 가격에 준다고. 자, 그만 주무르고 와서 계산해. 집에는 안 갈 거냐?"

싸이몬은 쿵쿵쿵 걸어와 진돗개 로봇이 든 커다란 상자를 가져가더니 계산대 위에 쿵 소리가 나게 올렸다. 나는 로미의 손을 잡아당기며 속삭였다.

"그냥 나가자. 응?"

"어딜 나가? 계산해야지."

싸이몬이 소리쳤다. 로미는 우물쭈물 눈치를 보다가 결국 계산을 했다. 커다란 상자를 안고 나오며 로미는 다시 한 번, 아주 작은 소리로 물었다.

"저기, 아저씨. 정말로, 진짜로 진돗개가 제일 나을까요?"

"당연하지. 빨리 집에 가!"

이번에는 정말 쫓겨났다.

로미는 진돗개 로봇 상자를 질질 끌고 걸어갔다. 정말 사고 싶었던 강아지 로봇을 샀는데 하나도 기쁘지 않은 표정이었다. 나도 기분이 엉망이었다. 변덕스럽고 불친절한 이상한 아저씨 때문이다. 우리는 터벅터벅 공원으로 걸어갔다.

"잘 산 거겠지? 잘 샀을 거야."

로미는 다짐을 하듯 말했다.

"뜯어보고 마음에 안 들면 바꾸자. 이번에는 봇맘이랑 같이 가자. 우리가 어린애들이라고 무시한 거야, 그 아저씨."

"로봇이랑 같이 간다고 아저씨가 우리를 무시 안 할 거 같아? 아마 중고 판매점이라 바꿔 주지도 않을걸."

물건을 바꿀 수 없다면 마음을 바꿔야 한다. 어쨌든 지금 우리 마음은 좀 달라질 필요가 있다. 두 얼굴의 악당에게 협박을 당해 엄청난 상처를 입었으니까.

"잘…… 샀을 거야. 학습 데이터도 팔 수 있고, 똑똑하고, 집도 잘 지킨다잖아. 그리고 진돗개도 귀여워."

나는 애써 로미를 달랬다.

"너무 커서……."

상자에서 꺼내 보니 진돗개 로봇은 정말, 좀 컸다. 거짓말을 조금 보태면 또래보다 한참 작은 로미가 타고 다녀도 될 정도였다.

"그래도 귀엽다."

로미는 억지로 웃었다. 듬직하긴 해도 귀엽지는 않았지만 나도 로미를 따라서 웃었다.

그런데 진돗개 로봇은 아무리 봐도 새 제품 같지 않았다. 여기저기 지문이 묻어 있고 배꼽 전원을 누르면 보여야 할 정품 식별 번호도 없었다. 그게 있어야 정품 등록을 하고, 고장 나면 수리도 받고, 학습 데이터도 팔 수 있을 텐데.

"로미야, 근데 이거 새 제품이 아닌 것 같아. 정품 식별 번호가 없어."

"그 아저씨가 새 거라고 했잖아."

"아닌 것 같아. 아무래도 내일 다시 가 봐야겠다. 정말로 바꿔야 할지 몰라."

"싫어. 새 거라고 했잖아. 난 그냥 키울래. 벌써 이 녀석한테 정이 들었어. 진진 너는 뭐든 의심하는 게 병이야."

로미는 커다란 진돗개를 번쩍 들고 뛰어갔다. 그 뒷모습이 꼭 진돗개 로봇을 훔쳐서 도망치는 사람 같았다.

"그래, 고장 나면 우리 아빠한테 고쳐 달라고 하지 뭐. 근데 안 무거운가? 역시 꽤 큰 것 같은데……."

로미가 두고 간 커다란 로봇 상자를 들고 터벅터벅 집으로 돌아가는 길에 나는 깨달았다. 위장 수사를 하러 갔는데 아무 것도 알아내지 못했다는 것을. 심지어 위장 수사를 하러 간 사실조차 잊어버릴 만큼 겁에 질렸다는 것을. 역시 탐정에게는 논리와 직관보다 용기가 중요한 걸까.

로봇공학자가 들려주는 로봇 이야기

신기하고 놀라운 로봇 세상

인간의 일을 대신 하기 위해 만들어진 로봇에는 어떤 것들이 있나요?

다양한데 몇 가지만 간단히 소개해 줄게.

1. 비행기 세척 로봇, 스카이워시

스카이워시는 길이가 33미터나 되는 거대한 로봇 팔로 루프트한자 항공사에서 비행기를 세차하고 있다. 두 대의 스카이워시는 한 사람이 아홉 시간 동안 할 일을 세 시간 만에 끝내 준다.

2. 산업 로봇, 쿠카

쿠카는 독일에서 만든 산업용 로봇이다. 정밀한 작업을 할 수 있는 아주 작은 로봇부터 1톤의 무게도 들 수 있는 힘센 로봇까지 다양한 모델이 있다. 쿠카는 자동차 공장 등 여러 산업 현장에서 쓰이고 있다.

3. 폭탄 처리 로봇, 워리어

워리어는 열쇠로 방문을 열거나 창문을 깨뜨려 폭탄 가까이에 다가간 뒤 사진을 찍어 보내 준다. 또 집게 손을 이용해 폭탄을 들고 나오거나 폭탄에 물을 뿜어 폭발을 막을 수도 있다.

4. 해저 탐사 로봇, 크랩스터

한국해양과학 기술원이 개발한 자동차 크기의 해저 탐사 로봇이다. 세계에서 가장 깊은 곳까지 잠수하여 게처럼 바다 밑을 기어 다니며 바다 속을 촬영하고 탐색할 수 있다.

5. 화산 탐사 로봇, 단테

미국에서 화산 탐사를 위해 개발한 작은 로봇으로, 화산의 뜨거운 열과 가스를 견딜 수 있도록 강하게 설계되었다. 화산의 온도를 재고, 기체를 채취하고, 화산재를 탐사한다. 단테는 남극 에러버스 화산을, 단테2는 알래스카 스푸르 화산을 탐사했다.

6. 수술 로봇, 다빈치 시스템

네 개의 로봇 팔을 가진 수술 로봇 시스템이다. 한 개의 팔 끝에는 아주 작은 카메라가, 나머지 세 개의 팔 끝에는 각종 수술 도구가 달려 있다. 의사는 3D영상으로 수술 장면을 보면서 로봇 팔을 조종해 수술한다.

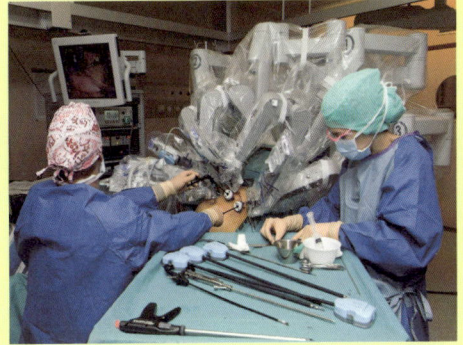

로봇이 되고 싶은 남자

　진진 로봇 병원에 치료할 손님이 셋이나 들어왔다. 정말 두 팔 벌려 환영할 일이었다. 진진 로봇 병원은 손님이 없어도 너무 없기 때문이다. 우리 아빠가 로봇공학자로서 능력이 없어서가 아니다. 우리 아빠는 아주 특별한 로봇 장기를 개발해 뉴스에도 자주 나오는 훌륭한 로봇공학자이다.

　몇 년 전에는 말랑말랑한 불가사리 모양의 장난감 로봇을 만들었다. 로봇의 차갑고 딱딱한 느낌을 싫어하는 어린이를 위한 맞춤 로봇이라는 높은 평가를 받았지만 많이 팔리지는 않았다. 사람들이 불가사리를 별로 좋아하지 않기 때문이었다. 결국 아빠는 다

 음으로 계획했던 좀 더 말랑말랑하고 손난로 기능을 더한 해파리 로봇을 포기하고 다시 로봇 팔, 로봇 다리 만들기에 열중했다.
　아빠는 작년에 로봇 팔 AH520을 개발했다. AH520은 인공 팔이 필요한 사람들에게 인기가 매우 좋았다. 손과 팔의 힘은 사람보다 다섯 배 정도 세고 손가락의 움직임은 사람에 버금갈 만큼 섬세하기 때문이다. 게다가 손의 크기도 적당하다. 그동안에도 꽤 섬세하고 부드러운 손을 가진 로봇 팔이 있었지만 대부분은 손이 권투 글러브 만큼 컸다. 섬세한 움직임을 위해 아주 많은 센서와 모터, 기어, 통신을 위한 전자 부품 등 많은 기계 장치가 필요하

기 때문이다. 하지만 로봇 팔 AH520은 이 모든 것을 아주 작게 만들어, 크기를 줄이는 데 성공했다. 아빠는 봇맘의 팔도 AH520으로 바꿔 주었다. 봇맘은 로봇 중에서 가장 섬세한 손동작이 가능한 로봇이 되었다.

그런데 AH520은 너무 비쌌다. AH520뿐 아니라 좋은 로봇 장기는 대부분 매우 비싸다. 그래서 훌륭한 최신 로봇 장기가 있는 것을 알면서도 많은 사람들이 여전히 조금 불편한 구형 로봇 장기를 사용한다.

"필요한 사람들에게 로봇 장기를 널리 공급하는 것도 로봇공학자의 중요한 임무야."

아빠는 로봇 장기가 꼭 필요하지만 살 형편이 못 되는 가난한 사람들에게 거의 공짜로 로봇 팔과 다리를 달아 주었다. 제품을 시험해 본다는 이유로 말이다.

사실 엄마가 화성 우주 기지로 간 것도 바로 그 때문이었다. 훌륭한 로봇공학자이지만 돈을 잘 벌지 못하는 아빠 대신 엄마는 돈을 벌려고 머나 먼 화성으로 떠난 것이다.

아빠와 함께 연구하던 훌륭한 다른 연구원들도 같은 이유로 아빠의 연구소를 떠났다.

"강 박사님과 함께 한 연구들은 모두 보람 있었어요. 하지만 우리는 너무 배가 고파요."

연구원들은 떠났지만 아빠는 연구를 멈추지 않았다. 월급을 주지 않아도 밤을 새워 함께 연구하는 똑똑하고 믿음직한 새 조수를 뽑았기 때문이다.

아빠의 새 조수는 바로 봇맘이다. 아빠는 봇맘과 함께 혁신적인 변신 로봇 손가락을 만들었다. 변신 로봇 손가락은 중앙 처리 장치인 프로세서와 모터, 센서를 하나로 모은 모듈을 여러 개 모아 만든 로봇으로, 중앙의 프로세서가 작은 모듈들을 통제하여 모양을 변신시킨다. 이 로봇의 핵심은 모듈의 크기이다. 모듈이 작을수록 다양한 변신을 할 수 있기 때문이다. 아빠는 모듈의 크기를 거의 원자에 가깝게 줄이는 데 성공하여, 망치처럼 크고 단단해졌다가 낙지 발처럼 길고 흐느적거리는 변신 로봇 손가락을 탄생시켰다. 봇맘이 신입 연구원으로 들어온 뒤 아빠가 변신 로봇 손가락 개발에 성공한 것을 보면, 봇맘은 꽤 훌륭한 연구원이다.

이 훌륭한 연구원인 봇맘과 더 훌륭한 로봇공학자인 아빠, 그리고 두 얼굴의 악당 싸이몬이 진진 로봇 병원의 첫 번째 환자들로 왔다.

"음, 안녕. 진돗개는 잘 있냐?"

싸이몬은 실실 웃으며 내게 손을 흔들었다.

"아, 뭐, 네."

사실 나는 로미의 로봇이 어떻게 지내는지 잘 몰랐다. 진돗개 로봇을 억지로 산 그날 이후 로미와 한마디도 안 했기 때문이다. 그렇다고 싸운 것도 아닌데 이상하게 로미는 나를 피했다. 나도 먼저 로미에게 다가가지 않았다. 우리는 함께 범죄라도 저지른 사람들처럼 서로를 피했다. 사실은 그 반대인 것 같은데.

"어떻게 된 일이에요, 아빠?"

아빠는 다리를 절룩거리며 의자에 앉았다.

"이번에는 정말 내 잘못이 아니야. 엄마한테 얘기 좀 잘해 줘, 진진. 나는 합법적인, 지정된 연습장에서 자전거 묘기를 연습 중이었는데, 갑자기 하늘에서 고물 슈트 로봇을 입은 이 청년이 떨어지면서 나를 덮치지 뭐냐. 봇맘이 재빨리 달려와 구조해 주지 않았다면 끔찍한 일을 당할 뻔했다. 다행이 다리만 조금……. 사실 엄마한테는 말할 필요도 없을 정도야."

며칠 전 화성에 있는 엄마에게 연락이 왔다. 아빠가 한 번만 더 위험한 스포츠를 하다가 다치면 당장 지구로 돌아와 아빠의 남은 다리를 마저 부러뜨리겠다고 엄포를 놓았다.

"어? 애한테 잘 보여야 하는 거예요? 그렇다면 애, 진진아, 이게 어떻게 된 일인가 하면……."

봇맘에게 부축을 받으며 온 싸이몬은 바지를 훌쩍 걷어 자신의 두 다리를 보여 주었다. 겉보기에는 보통 다리와 똑같았지만 찢어진 상처에서 피가 나지 않았다. 인공 피부를 덮은 로봇 다리였기 때문이다.

"슈트 로봇이 고장 난 건 사실이지만 내 탓은 아니라고. 분명 두 시간 동안 날 수 있는 슈트 로봇이거든. 물론 중고고, 내가 손을 좀 대면서 문제가 생겼을지도 모르지만 날기 시작한 지 20분 만에 떨어지다니 말도 안 되는 거지. 어쨌든 나는 땅에 떨어졌고, 하필이면 거기에 강 박사님이 있었고, 난 부딪치지 않으려고 방향을 틀었고, 경고음도 울렸어. 그런데 박사님이 피하기는커녕 나한테 달려든 거야. 그 덕택에 내 로봇 다리가 두 개 다 고장 났어. 이것 좀 봐. 로봇공학 박사님과 부딪쳤으니 당연히 고쳐 주시겠지만, 안 그래?"

"우리 아빠랑 우연히 부딪쳤다고요?"

"아니 그럼 내가 일부러 부딪쳤겠니? 이렇게 아픈데? 아이고, 아파라. 박사님, 제 다리 좀 빨리 고쳐 주세요."

싸이몬은 망가진 다리를 쓰다듬으며 엄살을 부렸다. 아빠는 자신의 잘못이 아니라며 변명을 늘어놓았다. 두 사람의 말만 듣고는

누구의 잘못인지 알 수 없었다. 나는 봇맘을 쳐다보았다. 봇맘은 거짓말을 하지 못하기 때문에 사고 상황을 정확하게 설명해 줄 것이다.

"오른팔이 부서졌어."

엄마는 왜 봇맘의 성격을 '과묵하게'라고 설정했을까. 무뚝뚝하게 자신의 상태만 이야기했다. 이럴 때는 고자질쟁이가 더 나을 것 같은데!

"자, 그럼 진진 로봇 병원의 첫 번째 수술을 시작해 볼까? 먼저, 내 다리!"

아빠는 바지를 걷고 오른쪽 다리를 뚝 떼어 냈다. 아빠의 오른쪽 다리는 몸에서 떨어질 수 있다는 것만 빼면 내 다리와 똑같다. 내 다리처럼 매끈하고 날씬하고 예쁘다는 뜻이 아니다. 로봇 다리이지만 겉으로 보기에는 사람 다리와 똑같이 생겼다는 뜻이다. 아빠는 털이 숭숭 난 피부를 열었다. 복잡한 기계가 고스란히 드러났다.

"다른 문제는 없어. 다리 신경에 붙여 놓은 칩에도 이상이 없고. 부서진 발가락만 바꿔 달면 돼."

아빠는 수술 전문 로봇인 레오와 함께 발가락을 바꿔 끼우고 소프트웨어를 점검했다. 아빠의 다리는 금세 멀쩡해졌다. 이럴 때

보면 떼었다 붙이는 로봇 다리가 늘 붙어 있는 진짜 내 다리보다 편리한 것 같다.

다음 차례는 봇맘이었다. 봇맘은 하늘에서 떨어지는 싸이몬을 온몸으로 막아 내느라 몸 여기저기에 상처가 나고 한쪽 팔도 부서졌다. 아빠는 레오와 함께 봇맘을 꼼꼼하게 진찰하고, 컴퓨터 모니터를 한참 들여다보더니 이마를 찌푸리며 말했다.

"흠, 어깨와 팔은 금방 고치겠는데 손은 완전히 망가졌네. 완성 단계는 아니지만 당분간 변신 로봇 손가락으로 바꿔 줄게. 아직 기능이 완전하지 않아서 불편할 수 있지만, 그래도 시험 삼아서 한번 써 봐. 응?"

"네, 괜찮습니다."

봇맘의 단순한 대답이 믿음직스러웠다. 엄마가 봇맘의 성격을 '과묵하게' 설정한 이유를 알 것 같다.

"잠깐, 잠깐. 상처에 밴드 붙여 줄게요."

나는 아빠의 서랍에서 캐릭터 밴드를 꺼내 봇맘의 어깨와 등에 난 상처에 붙여 주었다. 어렸을 적 봇맘이 내게 해 줬던 것처럼 호호하고 불어 주기도 했다. 이젠 나도 컸으니까 조금은 봇맘을 돌봐 줄 수 있다.

"아이고 참, 로봇한테 반창고는 무슨. 비켜 봐. 박사님, 이제 내

차례죠?"

싸이몬이 봇맘을 밀치며 아빠 앞으로 다가갔다.

"박사님, 제 소원 좀 들어주세요. 이왕 고쳐 줄 거, 저를 로봇으로 만들어 주세요. 제 꿈은 로봇이 되는 거예요."

처음에는 내가 잘못 들은 줄 알았다. 공룡이 되고 싶다는 다섯 살 꼬마는 봤어도 로봇이 되고 싶다는 어른은 처음이었다. 하지만 농담이나 장난은 아니었다. 싸이몬의 눈은 반짝반짝 빛났고, 목소리는 아주 진지했다.

"박사님. 저는 열 살 때 큰 사고를 당해 두 다리를 로봇 다리로 바꿨어요. 처음에는 놀림도 받았고, 창피하기도 했지만 로봇 다리의 성능을 점점 높이면서 완전히 새로 태어났어요. 슈퍼맨처럼 말이죠. 힘센 로봇 다리로 맘에 안 드는 녀석의 엉덩이를 뻥 차 주었을 때의 기분, 박사님도 아시죠? 게다가 로봇 다리를 길게 달아서 키도 훨씬 더 커 보이고요. 허리와 엉덩이가 좀 아프지만 참을 만해요."

싸이몬은 침을 튀기며 말을 이어 갔다.

"참, 제가 눈 얘기도 했던가요? 한쪽 눈을 좀 다쳤었는데, 망막 이식 수술을 할 수도 있었지만 일부러 로봇 눈을 달았죠. 시력이 3.5가 나오는 엄청 좋은 눈으로 말이에요. 그 덕분에 컨닝에 성공해서 대학에도 갔어요. 제가 공부는 좀 못 했거든요. 거 참, 그때 눈이 아니라 뇌를 다쳤어야 했는데. 뇌를 인공지능으로 바꿨다면 엄청 똑똑해져서 지금쯤 박사님처럼 로봇공학자가 되었을지 또 누가 압니까? 중고 로봇이나 팔며 이렇게 하찮게 살지는 않았을 거예요. 하지만 지금이라도 늦지 않았어요. 박사님이 제 몸을 로봇으로 바꿔 주면 앞으로 저는 멋진 삶을 살 수 있을 거예요. 제일 바꾸고 싶은 데는 팔이에요. 100톤 정도 들 수 있는 힘센 팔에, 손바닥은 유리에도 딱 붙을 수 있는 스파이더맨 같은 손바닥이 좋겠어요. 아니, 저 로봇에게 붙여 준 변신 로봇 손가락, 그거 나도 달아 주세요. 참, 사람을 투명 인간으로 만들어 주는 그런 로봇은 없나요?"

싸이몬은 애니메이션을 너무 많이 본 것 같았다. 아니면 우리 아빠가 로봇공학자가 아니라 마법사인 줄 알거나 말이다.

아빠가 말했다.

"음……, 싸이몬 씨는 다리를 고칠 게 아니라 머리를 고쳐야겠어요."

"그렇죠? 제 최종 목표도 머리예요. 역시 최고의 로봇공학자이시라 다르군요! 어서 제 두뇌를 인공지능으로 바꿔 주세요. 쌩쌩 돌아가는 걸로!"

싸이몬은 손뼉을 치며 좋아했다. 아빠는 고개를 저었다.

"싸이몬 씨는 사이보그 중독이 분명해요. 진단서를 써 줄 테니 전문의에게 상담을 받아 봐요."

"내가 사이보그 중독이라니, 말도 안 돼요! 난 더 완벽한 인간이 되고 싶을 뿐이라고요. 세상에서 가장 완벽한 인간인 로봇 말이에요."

싸이몬은 버럭 화를 냈다.

사이보그는 두뇌를 뺀 나머지 자신의 신체 중 한 가지라도 로봇 장기로 바꾼 사람을 말한다. 한쪽 다리가 로봇인 우리 아빠도 사이보그이다. 로봇 심장을 단 할아버지, 로봇 관절을 가진 할머니들도 사이보그이다. 요즘에는 사이보그가 참 많다. 할아버지 할머니들 중에 척추, 다리, 팔, 손가락은 물론 심장, 췌장, 신경, 고막 등에 로봇 장기 하나쯤 달지 않은 사람이 거의 없을 정도이니까 말이다. 젊은 사람들 중에도 사고로 크게 다쳐서 사이보그가 된 사람들이 있다.

그런데 사람들 중에서 멀쩡한 몸을 더 성능 좋은 로봇 장기로 바꾸는 사람들이 생겨 났다. 인체보다 성능이 좋은 로봇 장기로 몸을 바꾸면 무조건 힘이 더 세지고, 더 빨라지고, 더 튼튼해지고, 더 똑똑해지고, 더 젊어진다고 믿기 때문이었다. 이런 사람들

을 사이보그 중독이라고 했다.

"박사님, 전 사이보그 중독이 아니에요. 원래 로봇으로 태어날 몸이었는데 잘못 태어나서 사람이 된 거라고요. 지금이라도 저는 원래 제 모습으로 돌아가고 싶어요. 박사님이 저를 좀 도와주세요. 네?"

싸이몬은 막무가내로 졸랐다. 사이보그 중독 중에서도 심각한 수준 같았다.

"싸이몬 씨. 로봇 장기는 몸이 불편한 사람을 도와주는 것이지 슈퍼맨을 만들기 위한 것이 아니에요. 나 때문에 고장 난 다리만 신제품으로 바꿔 주겠소."

"싫어요. 다 고쳐 주세요. 아니 전부 다 바꿔 주세요. 심장부터 뇌까지 모조리 다요. 봇맘한테는 변신 로봇 손가락까지 달아 주면서 저는 왜 안 해 줘요? 지금 로봇하고 사람하고 차별하는 거예요?"

봇맘은 억지를 부리는 싸이몬을 강제로 특수 의자에 앉혔다. 그 의자에 앉으면 자동으로 키와 몸무게, 건강 상태, 신경, 뇌파 등 로봇 다리를 붙이기 전에 알아야 할 신체 조건이 모두 측정되었다. 아빠는 로봇 다리의 길이를 싸이몬의 몸에 맞게 조정한 다음 다친 다리를 떼고 새로 붙여 주었다. 로봇 장기를 처음 달 때는 병원에서 아주 복잡한 수술을 받아야 하지만, 싸이몬의 다리는 원래 있던 로봇 다리를 새 것으로만 교체하는 것이라 설치는 간단히 끝났다.

"이건 따로 적응 훈련이 필요 없는 로봇 다리요. 한번 걸어 봐요."

싸이몬은 벌떡 일어나 천천히 걸었다. 두 다리로 폴짝폴짝 뛰어도 봤다. 한쪽 다리로 균형을 잡고 콩콩 뛰기도 했다. 모든 움직임이 자연스러웠다.

"와! 옛날 다리보다 훨씬 부드러운데요. 힘은요? 힘도 세요?"

아빠의 대답도 듣기 전에 싸이몬은 책상 다리를 발로 뻥 찼다. 책상 다리가 심하게 휘어지는 바람에 위에 있던 물건들이 와르르 쏟아졌다. 봇맘은 휘어진 책상 다리를 펴고, 쏟아진 물건들을 다시 주워 올렸다. 그러는 동안에도 싸이몬은 두 로봇 다리의 성능을 시험하느라 연구실을 엉망으로 만들어 놓았다.

"음, 괜찮은데요. 그래도 좀 더 세면 좋겠어요. 축구공을 발로 차면 하와이까지 날아가게요. 근데 팔은 언제 바꿔 주실 거예요? 멀쩡한 팔이 안 된다면 일부러 다쳐서 올 수도 있어요. 힘만 세게 만들어 주시면 돼요. 그리고 저 변신 로봇 손가락, 저도 그거 꼭 달아 주세요."

우리는 결국 싸이몬을 문 밖으로 몰아냈다.

"아저씨, 우리 아빠 그만 괴롭히고 나가세요!"

하지만 싸이몬은 내 말에도 아랑곳하지 않고 아빠가 방금 달아 준 힘센 로봇 다리로 끝까지 버티며 소리를 질러 댔다.

"박사님, 무엇보다 제 머리는 꼭 바꿔야 하는 거 아시죠? 제 뇌를 인공지능으로 바꿔야 진정한 로봇이 될 수 있어요."

싸이몬을 겨우 쫓아낸 뒤 아빠는 이마에 송글송글 맺힌 땀을

닦았다.

"하! 정말 다시는 만나고 싶지 않은 사람이군!"

나도 같은 심정이었다.

로봇공학자가 들려주는 로봇 이야기

사이보그가 뭐예요?

 **사이보그가 정말 있나요?**

 악당들과 싸우는 영화 속 영웅 '로보캅'과 '아이언맨'은 로봇일까, 사람일까? 정답은 사이보그야. 사이보그는 뇌를 제외하고 우리 몸의 일부분을 기계로 바꾼 사람을 이르는 말이야. 사람뿐 아니라 동물도 몸의 일부를 기계로 바꿨다면 사이보그라 할 수 있지.

로봇 팔을 달고 있는 사람

사이보그는 정말 영화 속 주인공들처럼 힘이 아주 세거나 하늘을 획획 날아다닐 수 있을까? 그렇지 않아. 또 겉모습만 보고는 사이보그라는 걸 잘 알 수도 없지. 인공 무릎 관절을 단 할머니, 인공 심장을 단 어린이, 인공 달팽이관을 귓속에 넣은 아저씨, 인공 팔다리를 단 아주머니가 모두 사이보그이니까. 우리 현실에서 만날 수 있는 사이보그는 로봇 기술을 이용해 몸이 제 기능을 할 수 있게 도와주는 장치를 달고 있을 뿐이란다.

 ### 미래의 사이보그는 어떻게 생겼을까요?

 2002년 영국의 로봇공학자 케빈 워윅은 연구를 위해 일부러 스스로 사이보그가 되었어. 자신과 아내의 피부 안에 각각 신경 칩을 넣고, 이 신경 칩으로 컴퓨터와 신호를 주고받았지. 하나의 컴퓨터에 연결된 케빈과 아내는 케빈이 팔을 움직여 컴퓨터에 동작 신호를 보내면 컴퓨터는 다시 아내에게 똑같은 동작 신호를 보내는 방법으로 해서, 두 사람이 거의 동시에 똑같이 팔을 움직이는 데 성공했지.

케빈의 실험처럼 미래의 사이보그는 두뇌를 네트워크에 연결해, 생각만으로도 인공 신체를 자신의 몸처럼 자연스럽게 움직일 수 있을 거야. 전신이 마비된 사람이나 큰 장애가 있는 사람들 역시 자유롭게 움직일 수 있고, 슈퍼맨처럼 힘센 팔다리를 가질 수도 있을 거야. 하지만 반드시 좋은 점만 있는 건 아냐. 내가 원하지 않는데도 내 몸을 다른 사람이 자기 생각대로 조종할 수 있다면, 으으윽! 어떤 일이 벌어질지 생각만 해도 끔찍하겠지?

싸이몬의 정체를 밝혀라

다시는 싸이몬을 보고 싶지 않다는 우리의 바람은 아쉽게도 이루어지지 않았다. 싸이몬이 날마다 아빠를 찾아왔기 때문이다. 싸이몬은 진진 로봇 병원에 죽치고 앉아 팔을 바꿔 달라, 변신 로봇 손가락을 달아 달라, 뇌를 바꿔 달라며 떼를 썼다. 그 덕택에 아빠는 연구는커녕 전화 한 통도 편하게 받지 못했다. 결국 아빠는 진진 로봇 병원의 보안 장치에 새로운 명령을 입력했다.

'JJ-LK2019 절대 출입금지'

JJ-LK2019는 싸이몬 로봇 다리의 식별 번호이다. 싸이몬은 이제 아빠가 달아 준 로봇 다리를 달고는 진진 로봇 병원에 들어올 수 없게 되었다. 설마 다리를 떼어 내고 들어오지는 않겠지.

싸이몬이 오지 않아 모처럼 편안한 오후, 갑자기 아빠가 법석을 피웠다. 연구실을 홀딱 뒤집은 것도 모자라 온 집 안을 샅샅이 뒤졌다.

"봇맘, 내 말랑이 못 봤어?"

"**불가사리 로봇 말씀입니까? 못 봤습니다.**"

"진진이는?"

"못 봤는데요."

"내일 대학에 가서 그걸로 강의하려고 했는데 어떡하지?"

"위치 확인이 안 돼요?"

"응. 전원을 완전히 꺼 놨어. 역시 연구실에 있겠지?"

아빠는 또다시 연구실로 달려갔다. 나와 봇맘도 함께 가서 연구실을 뒤졌다.

아빠는 늘 뭔가를 잃어버린다. 봇맘의 중요한 하루 일과 가운데 하나가 아빠가 잃어버린 물건 찾기이다. 봇맘은 변신 로봇 손가락을 철사처럼 얇게 만들어 벽을 훑고, 좁은 틈새까지 샅샅이 뒤졌다. 불가사리 로봇이 어딘가에 돌돌 말려 있거나 납작하게 눌어붙어 있을지도 모르기 때문이었다. 하지만 아무리 찾아도 불가사리 로봇은 흔적도 없었다.

"아빠, 누가 슬쩍 가져간 게 아닐까요?"

아빠의 연구실에는 종종 사람들이 찾아와 놀다 간다. 어제까지만 해도 싸이몬이 하루 종일 떼를 쓰다 가지 않았는가.

"에이, 설마. 그러고 보니 며칠 전부터 로봇 혀 시제품도 안 보이네. 몰라 몰라, 어딘가에 있겠지. 내일은 다른 걸로 강의하지 뭐."

아무래도 아빠는 잃어버린 물건을 중요하게 여기지 않아서 더 자주 잃어버리는 것 같다.

저녁 때 화성에 있는 엄마한테 연락이 왔다. 이제는 모니터를 가득 채우고 있는 화성 우주 기지의 모습이 우리 집 뒷마당처럼 익숙하다.

"우리 딸. 별 일 없고? 엄마가 사랑하는 거 알지? 봇맘은 어디 있어? 네 옆에 안 있고 어디 간 거야?"

엄마는 아직도 내가 옆에서 돌봐 줘야 할 꼬맹이인 줄 안다. 곧 엄마 아빠는 물론 봇맘까지 모두가 귀찮다고 할 사춘기 소녀가 될 텐데도 말이다.

"아빠 연구실에 있어요. 아빠가 또 뭘 잃어버렸거든요."

"아유, 또?"

엄마는 혀를 쯧쯧 찼다. 엄마도 지구에 있을 때, 아빠가 깜박한 물건을 챙기며 하루를 시작하고, 아빠가 잃어버린 물건을 찾다가 지쳐 잠들었다고 했다.

"네 아빠 좀 불러야겠다. 가족회의야!"

엄마는 화성에서 가족회의를 소집했다. 아빠와 봇맘이 헐레벌떡 모니터 앞으로 모였다. 엄마가 말했다.

"여러분, 진진 로봇 병원과 우리 집을 첨단 보안 시설을 갖춘 인테리어로 바꿔야겠습니다."

우리 집이 진진 로봇 병원 건물에 딸린 2층 집이고 부모님이 모두 로봇공학자라고 하면, 사람들은 우리 집이 미래형 최첨단 집일 거라고 생각한다. '생각도 하지 마라, 집에게 모두 맡겨라'라는 TV 광고 문구처럼, 집 안 곳곳에 보이지 않는 로봇이 숨어 있을 거라고 말이다. 집이 우리의 생각을 읽고 자동으로 문을 열어 주거나 앉을 때 의자를 빼 주는 것은 기본이고, 우리 기분에 맞춰 벽지 색깔과 방안의 향기를 바꾸고, 벽과 바닥은 알아서 먼지를 빨아들여 청소를 해 준다. 침대는 우리의 수면과 건강 상태를 점검해 병원에 보내고, 냉장고는 유통기한에 따라 스스로 식재료를 정리하고, 보안 시스템은 도둑은커녕 몽당연필 하나조차 잃어버리지 못하는 완벽한 환경을 만들 거라고 생각한다.

엄마는 작년에도 우리 집을 그렇게 바꾸려고 했다. 하지만 아빠

는 절대 반대했다.

"똥을 누면 변기가 '닥터 강의 변 상태는 수분 60퍼센트, 대장균 10퍼센트, 음식 찌꺼기 25퍼센트. 기타 세균 5퍼센트로, 유산균이 부족하고 변비 초기 증상을 보이고 있습니다. 식사에 당근 반 개와 다시마 95그램을 추가하고, 식사 시 20회 이상 씹을 것을 권장합니다' 이러면서 간섭하는 집에서는 살 수 없어. 내 똥의 비밀 정도는 나 혼자만 간직할 수 있는 인간다운 삶을 원한다고."

그때는 엄마가 물러섰지만 이번에는 아니었다.

"여보, 이젠 나도 참을 수 없어요. 우리 집을 완벽한 환경으로 바꿉시다. 봇맘도 잃어버린 물건을 찾느라 시간 낭비하지 말고, 당신도 그만 좀 잃어버리고, 나도 마음 편히 좀 살자고요. 여기 있어도 마음은 항상 당신이 잃어버린 물건을 찾고 있어요!"

"됐어. 그럴 필요 없다고······."

아빠가 또 반대하자 엄마는 내게 물었다.

"진진, 너는 어때? 집이 다 알아서 해 주면 너도 좀 편해질 것 같지 않니? 봇맘도 그렇고."

나도 아빠처럼 양말 한 짝도 사라질 수 없는 완벽한 집을 원하지는 않는다. 완벽한 환경에서는 진진 탐정이 출동해야 할 미스터리한 사건이 생길 틈이 없기 때문이다. 하지만 엄마가 원하고 봇맘이 편하다면야 집을 거대 로봇으로 바꿔도 괜찮다. 사건은 집 밖에서 찾으면 되니까.

"난 상관없어요. 두 분이서 결정하세요."

나는 모니터를 앞에 두고 서로 자신의 의견을 고집하는 두 사람을 두고, 사생활이 완벽하게 보호되는 방으로 들어가 뒹굴다 잠이 들었다.

다음 날, 로미는 진돗개 로봇을 데리고 학교에 왔다. 아직도 학교에 로봇을 가져오는 것은 금지였으나 로미는 당당하게 끌고 왔다. 아이들이 로미를 힐끔거렸다. 로봇 귀신이 로봇을 데려간다는 소문을 믿는 아이들은 걱정스러운 표정으로 로미의 진돗개 로봇을 쓰다듬었다.

로미는 내 앞에 진돗개 로봇을 내려놓았다.

"얘 이름은 도리도리야. 기억 나? 내 첫 번째 곰돌이 인형 이름도 도리도리였잖아."

"맞아. 그 곰돌이 인형 진짜 귀여웠는데."

꽤 오랫동안 말을 하지 않았지만 로미와 나는 바로 어제까지 수다를 떨었던 것처럼 아무렇지도 않았다.

"도리도리, 진진에게 묘기 좀 보여 주자. 앉아."

그러자 도리도리가 두 발로 앉아 두 손을 내밀었다. 로미는 도리도리에게 작은 공을 세 개 내밀었다.

"저글링 해 봐."

도리도리는 공 세 개를 차례로 공중으로 던지며 저글링 묘기를 선보였다. 마무리는 앉아서 앞발과 입으로 공 잡기. 진짜 개라면 상상도 못 할 멋진 묘기였다. 로미가 공을 내려놓자 도리도리는 혀를 쏙 내밀고 헥헥거렸다. 귀여운 혀에서 침이 뚝뚝 떨어지지 않

는 게 제일 마음에 들었다.

"훈련 많이 시켰네. 귀여워, 귀여워."

"그치, 그치, 그치?"

도리도리를 칭찬했는데 로미가 훨씬 더 기뻐했다. 로미는 도리도리를 쓰다듬으며 말했다.

"이것 말고도 훈련은 많이 시켰는데, 학습 데이터는 못 팔 것 같아."

"왜?"

"S사에 연락해 봤는데, 도리도리는 정품 식별 번호가 없어서 학습 데이터를 팔 수 없대. 도난품 같다고 자기네한테 보내 달래. 강제로 데려갈까 봐 얼른 전화를 끊어버렸어."

로미는 두 손으로 도리도리의 귀를 막고 속삭였다.

"도리도리가 정말로 도난품일까? 누군가 훔쳐다 싸이몬 아저씨네 가게에 팔았을까?"

전혀 알 수 없는 일이었다. 누군가 훔쳐서 싸이몬 가게에 팔았는지, 싸이몬이 직접 훔쳐서 로미에게 팔았는지…….

순간 앵무새 로봇이 떠올랐다. 싸이몬은 학교 앞에서 앵무새 로봇을 몰래 잡아갔다. 그건 분명 훔친 것이다. 그러고 보니 도난 사건 주위에는 늘 싸이몬이 있었다. 싸이몬이 드나들 무렵 아빠 연구실에서 불가사리 로봇과 로봇 혀 시제품이 사라졌다. 싸이몬의 가게에서 산 도리도리는 도난품 같다. 역시 싸이몬이 수상하다. 다시는 싸이몬을 만나고 싶지 않았지만, 왠지 다시 만나야만 할 것 같은 불길한 예감이 들었다. 진정으로 명탐정을 꿈꾼다면 주위를 맴도는 사건을 피하면 안 되니까.

"로미, 난 싸이몬이 의심스러워. 그 가게에 다시 가 봐야겠어. 어쩌면 큰 사건을 만날 수도 있을 것 같아."

"정말?"

로미가 이마를 찌푸렸다. 위험하다, 경찰에 신고하자, 아빠한테 말하자, 이런 말을 하겠지.

"나도 같이 가."

뜻밖에도 로미가 내 손을 덥석 잡았다. 용기가 불끈 솟았다. 우리는 홈즈와 왓슨처럼 멋진 파트너가 될 것이다. 나는 로미에게 싸이몬이 사이보그 중독이라는 이야기를 해 주었다.

"벌써 로봇으로 변한 건 아니겠지? 영화 속 악당 로봇처럼 힘이 셀까 봐 좀 무섭다."

진짜 무섭지는 않은지 로미가 킬킬거렸다.

학교가 끝난 뒤 우리는 도리도리를 데리고 싸이몬의 가게로 갔다. 봇맘에게는 싸이몬의 가게에 들르느라 조금 늦을 거라고 미리 알렸다.

'너무 늦으면 찾으러 갈게.'

봇맘의 메시지를 읽으며 음침한 가게의 문을 열고 들어갔다. 싸이몬이 호들갑을 떨며 우리를 반겼다.

"오! 진진. 마침 잘 만났다. 혹시 너네 병원 문 닫았어? 몇 번이나 갔는데 문이 안 열려. 어떻게 된 거야? 참, 봇맘의 변신 로봇 손가락은 성능이 어때? 나도 좀 달아 달라니까. 멀쩡한 손을 떼는 게 끔찍하다면 지금 손은 그냥 두고 하나 더 달아도 돼. 손이 세 개면 두 개보다 훨씬 좋지 않겠냐?"

역시 이상한 사람이다. 손이 세 개라니, 생각만 해도 소름이 끼친다.

"아, 네. 뭐. 전 잘 모르겠어요."

"그래? 근데 변신 로봇 손가락 말이야. 얼마나 얇게 변할 수 있는 거야? 얼마나 길어질 수 있지? 문틈을 막 뚫고 들어갈 수도 있나?"

"글쎄요. 도둑도 아니고, 아저씨는 그런 기능이 왜 궁금하세요?"

싸이몬을 떠보려고 일부러 '도둑'이라고 말했다. 싸이몬은 내 말은 못 들은 척 로미에게 말을 걸었다.

"어? 똥개 데려왔네. 어때? 내 말대로 그 똥개 사길 잘했지?"

"똥개가 아니라 도리도리예요. 근데 아저씨, 어딘지 좀 달라진 것 같아요."

"그렇지? 좀 더 멋있어진 것 같지 않아?"

싸이몬은 어깨를 쭉 펴고 모델처럼 포즈를 취했다. 로미는 눈을 가늘게 뜨고 싸이몬을 위아래로 훑어보았다. 마침내 로미가 천천히 고개를 끄덕이며 말했다.

"음, 키가 좀 작아진 것 같은데요."

싸이몬의 얼굴이 빨개졌다. 싸이몬은 그동안 몸에 비해서 지나치게 긴 로봇 다리를 달고 있었다. 키가 커 보이고 싶은 욕심 때문이었다. 하지만 아빠는 로봇 다리의 길이를 싸이몬의 몸에 맞게 줄여 주었다. 키는 한 10센티미터 정도 줄었지만 덕분에 몸매는 오히려 보기 좋았다. 싸이몬은 키가 줄었다고 엄청 투덜거렸지만 말이다.

"쳇, 됐고. 무슨 일로 또 온 거야?"

로미와 나는 눈짓을 주고받았다. 명탐정 진진, 용기를 내. 나는 도리도리를 번쩍 안아 테이블 위에 올렸다.

"아저씨. 이 강아지, 도난품은 아니죠? 여기 배꼽 부분에 식별 번호가……"

"도난품? 지금 내가 도둑이라는 거냐?"

"아니, 그게 아니라요……."

그 순간 싸이몬과 눈이 마주치고 말았다. 가슴이 철렁했다. 그래, 물러설 때를 아는 것도 용기겠지? 나는 달아나려고 주춤주춤 뒷걸음질 쳤다. 하지만 싸이몬이 먼저 내 어깨를 덥석 잡았다. 너무 놀라서 몸이 얼음처럼 꽁꽁 얼어버렸다.

"어린 녀석들이 뭔가 오해를 하는 모양이네. 아저씨는 착한 사람이다. 혹시 누구한테 아저씨가 도둑이라고 말 한 적 있냐? 아빠나 선생님이나……."

고개를 도리도리 저었다. 싸이몬은 나와 로미를 번갈아 노려보았다. 눈에서 레이저 광선이 나올 것 같았다. 이 사람은 진짜 악당 같다. 도망가자. 나는 있는 힘껏 아저씨의 다리를 퍽 찼다.

"아얏!"

비명은 다리를 걷어 차인 싸이몬이 아니라 내 입에서 나왔다. 싸이몬의 다리가 로봇 다리인 것을 깜빡했다.

"이 녀석, 정말 못됐구나."

싸이몬은 내 어깨를 잡은 손에 힘을 주었다. 덜컥 겁이 났다.

"놔요. 이 손 놓으라고요."

"아저씨, 내 친구를 놔 주세요."

로미가 싸이몬의 팔에 매달렸다. 싸이몬은 팔을 홱 뿌리쳤다. 그 바람에 로미와 나는 넘어지면서 바닥에 쿵 부딪혔다. 로미가 고개를 번쩍 들고 외쳤다.

"도리도리, 물어! 저 사람이 나를 다치게 했어."

그러자 테이블 위에 얌전히 앉아 있던 도리도리가 풀쩍 뛰어 싸이몬의 팔을 물었다. 도리도리는 '애완동물 로봇'의 3원칙에 따라 주인의 명령을 따른 것이다.

"아악, 이 똥개. 저리 안 가!"

비명과 함께 싸이몬은 팔을 붙들고 정신을 잃었다. 진돗개 로봇이 물면, 순간 높은 전압의 전류가 흘러 잠깐 동안 사람을 꼼짝 못 하게 만든다. 하지만 곧 깨어나기 때문에 건강을 위협할 정도는 아니다. 우리는 쏜살같이 가게를 빠져나왔다. 로미가 앞서서 달리며 소리쳤다.

"우리 집으로 갈까?"

"그래! 좋아."

로미의 집까지 전속력으로 달렸다. 싸이몬이 깨어나 다시 쫓아오면 어쩌나 조마조마했는데 다행히 쫓아오지는 않았다.

우리는 로미네 거실 소파에 무사히 앉았다. 도리도리가 로미 옆에 찰싹 붙었다.

"잘했어, 도리도리."

로미는 도리도리의 머리를 쓰다듬어 주었다. 나도 로미를 따라 도리도리를 칭찬해 주었다.

"정말 잘했어, 도리도리."

우리는 벌렁 누워서 한참동안 숨을 골랐다. 놀란 심장이 쿵쾅쿵쾅 아주 빠르게 뛰었다. 마침내 마음이 놓이자 웃음이 나왔다.

"스릴 만점이었어."

"스릴은 무슨, 무서워 죽는 줄 알았다, 야."
 우리는 한참동안 킬킬거렸다. 그러다가 갑자기 졸음이 쏟아졌다. 로미와 나는 거실에 널브러진 채 그대로 잠이 들었다.

로봇공학자가 들려주는 로봇 이야기

인간과 닮은 로봇, 휴머노이드와 안드로이드

휴머노이드와 안드로이드가 뭐예요?

휴머노이드는 인간과 비슷하게 만든 로봇을 말해. 머리, 몸통, 팔다리가 있고 두 다리로 걷지. 안드로이드는 휴머노이드의 한 종류로, 겉모습뿐만 아니라, 말하거나 행동하는 것까지 사람을 닮은 로봇을 뜻해. 그러니까 휴머노이드는 모습만 인간과 같고 안드로이드는 행동이나 말하는 것까지 인간과 비슷하다는 거지.

로봇이 두 발로 걷는 게 정말 어려운 건가요?

지금까지 개발된 휴머노이드는 걷는 모습이 매우 부자연스러워. 빨리 뛰거나 비탈진 곳을 걷는 것도 어렵지. 두 발로 걷는 것은 아주 복잡한 행동이기 때문이야. 우리가 걸을 때 모습을 상상해 보면 돼. 걷기 위해서 가장 먼저 해야 할 일은 한 발을 공중으로 들어 올리는 거야. 그러면 다른 한 발은 발바닥으로 온 무게를 느끼고, 눈과 귀 등으로 주변 환경을 파악하면서 균형을 잡기 위해 노력해야 하지. 이렇게 스스로 균형을 잡아야 걸을 수 있는데, 온몸이 동상처럼 딱딱한 로봇에게는 아주 어려운 일이겠지? 그래서 로봇공학자들은 지금도 이 문제를 해결하기 위해 열심히 연구하고 있어.

두 발로 걸을 수 있는 로봇에는 대표적으로 어떤 것이 있는지 알아볼까?

1. 휴보

대한민국 최초로 개발한 두 발로 걷는 인간형 로봇이다. 2004년 한국과학기술원(KAIST) 기계공학과 오준호 교수 팀이 개발한 휴보는 1분에 65걸음을 걷고, 손가락 다섯 개를 따로따로 움직여 가위바위보를 할 수 있다. 사람과 춤을 출 수 있고, 적당한 힘을 가지고

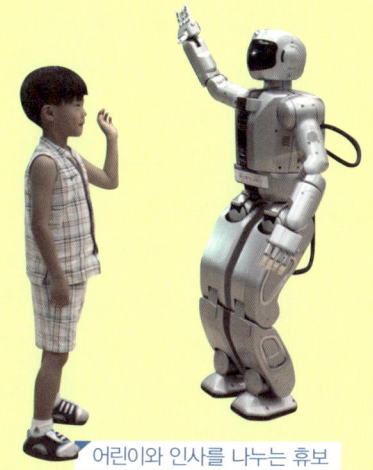

어린이와 인사를 나누는 휴보

손을 위아래로 흔들며 악수도 나눌 수 있다. 2009년 달리기를 할 수 있는 '휴보2'에 이어 천재 과학자 아인슈타인을 닮은 '알버트 휴보', 재해 현장을 복구하기 위해 개발한 'DRC 휴보'까지, 휴보는 아직도 계속 진화하고 있다.

2. 아시모

2000년에 키 130센티미터에 몸무게 54킬로그램으로 일본에서 태어난 아시모는 세계 최초의 인간형 로봇으로 알려져 있다. 이후 아시모는 꾸준히 발전해서 지금은 한 발로 서 있기, 뒤로 걷기, 춤추기, 계단을 오르내릴 수 있을 뿐만 아니라 지그재그로 방향을 바꿔가며 달릴 수도 있다고 한다.

사라진 붓맘

"어떡해! 너무 늦었다."

잠에서 깨어 보니 밖이 깜깜했다. 로미는 아직도 자고 있었다. 나는 로미를 깨우지 않고 조용히 나왔다. 다행히 로미의 부모님도 아직 오지 않은 것 같았다. 나는 서둘러 우리 집으로 왔다. 붓맘에게 들키면 늦게 왔다고 혼날까 봐 살금살금 들어와 얼른 내 침대에 누웠다. 붓맘이 와서 물으면 "아까, 아까 집에 왔었어. 자고 있었다고!"라고 대답하려고 했는데 정말로 잠이 들어버렸다.

다음 날 아침, 아주 먼 여행에서 돌아온 기분으로 잠에서 깼다. 포근하고 편안한 상태를 좀 더 즐기며 붓맘이 깨우러 오기를 기다렸다. 하지만 한참을 뒹굴어도 봇맘은 오지 않았다. 시계를 보니 9시가 넘었다. 지각이었다.

"봇맘, 왜 안 깨웠어? 봇맘!"

봇맘은 대답이 없었고, 집 안은 조용했다. 나는 아빠의 방문을 열어 보았다. 아빠는 드르렁드르렁 코를 골며 자고 있었다.

"봇맘, 어디 있어!"

아빠 방에서 나와 주방으로 가 보았다. 아침상을 차린 흔적도 없이 깨끗했다. 평소의 봇맘이었다면 벌써 5대 영양소가 가득한 아침 밥상을 준비해 놓았을 텐데. 화장실에도 봇맘은 없었다. 어제 걸어 둔 수건이 그대로 걸려 있었다. 평소의 봇맘이라면 아침에 새 수건을 준비해 놓았을 것이다. 어디 갔지? 불안한 느낌이 확 몰려왔다.

"아빠, 일어나 봐요. 봇맘이 없어요. 아빠가 어디에 심부름 보냈어요?"

"몰라. 어디 갔대?"

아빠는 이불을 뒤집어썼다. 나는 아빠의 이불을 확 걷으며 신경질을 냈다.

"몰라요. 모르니까 묻죠. 어젯밤에는 있었어요? 지금은 없어요. 사라졌다고요."

아빠가 벌떡 일어났다.

"나도 몰라. 너랑 같이 안 있었어? 난 밖에서 약속이 있어서 늦게 들어왔는데."

"나도 로미 집에서 좀 늦게 들어왔어요. 봇맘한테 혼날까 봐 몰래 방에 들어가 잤단 말이에요. 근데 어젯밤에도 없었던 것 같아요. 흔적이 없어요."

"왜?"

아빠는 영문을 모르겠다는 표정이었다. 갑자기 눈시울이 뜨거워졌다.

"나도 몰라요. 아빠가 좀 찾아 줘요."

"그래, 그래. 위치 추적을 해 보면 금방 알 텐데 왜 걱정해?"

아빠의 컴퓨터에서는 언제든지 봇맘의 위치를 확인할 수 있다. 하지만 지난 3년 동안 한 번도 위치 추적 기능을 쓰지 않았다. 지금처럼 봇맘이 말도 없이 사라진 적이 단 한 번도 없었으니까.

"이상하네. 위치가 왜 안 뜨지? 전원이 꺼졌나? 배터리가 나갔나? 체크 좀 해 볼게."

봇맘의 위치와 중요한 정보는 무선 통신으로 아빠의 컴퓨터와 연결돼 있어야 한다. 하지만 아빠의 컴퓨터 모니터에는 어떤 정보도 뜨지 않았다.

"어, 이상하다."

"왜 그래요? 아빠, 봇맘한테 무슨 일이 생긴 거예요?"

"아니다. 아빠가 알아볼 테니 좀 기다려라."

아빠는 허둥지둥 연구실로 내려갔다. 허둥거리는 아빠의 뒷모습을 보니 심장이 쿵 내려앉는 것 같았다. 봇맘에게 나쁜 일이 생긴 건 아니겠지.

"괜찮아. 봇맘은 그냥, 잠깐 산책 같은 걸 하고 있을 거야. 봇맘은 태양열을 아주 효율적으로 이용해 에너지를 만드니까 배터리가 방전될 걱정도 없어. 혹시 문제가 생겨도 스스로 해결할 수 있을 만큼 현명하잖아."

그래도…… 배터리가 다 떨어져 낯선 길에 쓰러져 있는 봇맘의 모습이 자꾸 떠올랐다. 더 큰 문제는 표준 오프 기능이었다. 전 세계의 모든 가정용 로봇에게는 표준 오프 기능이 있다. 사람에게 해를 끼칠 경우를 대비해 만든 것인데, 누구든 로봇의 전원을 누르고 "세계 로봇법 제0조. 인간을 위해 잠시 휴식"이라고 말하면 전원이 완전히 꺼진다. 동시에 자동으로 가족에게 연락이 가지만, 위치 추적이 되지 않는 곳에 있다면 연락이 안 될 수도 있다. 나쁜 사람들이 멀쩡한 로봇을 표준 오프시키고 위치 추적 기능을 삭제한 뒤 밀수출한다는 뉴스가 떠올랐다. 혹시 나쁜 사람들이 우리 봇맘을 고물 트럭에 싣고 폐기장으로 달려가고 있는 건 아니겠지? 생각만으로도 마음이 찢어질 듯 아팠다.

그때 로미에게 전화가 왔다.

"왜 학교에 안 와? 무슨 일 있어?"

왈칵 울음이 쏟아졌다.

"봇맘이 없어. 없어졌어. 사라졌다고. 나 어떡해!"

"정말? 진진아, 너무 걱정하지 마. 봇맘은 꼭 돌아올 거야. 혹시 무슨 일이 있더라도 너희 아빠가 찾아 주실 거야."

"위치 추적도 안 되는데? 누가 납치해서 어디로 데려갔으면 어떡해? 우주 같은 데 말이야."

"정신 차려. 그런 일은 없어. 봇맘은 평범한 로봇이 아니야. 현명하고 강해. 그러니까 정신 차리고 봇맘이 갈 만한 곳을 찾아 봐. 너는 명탐정이잖아. 네 가족은 네가 찾을 수 있어."

"응, 알았어. 로미, 고마워."

나는 얼른 전화를 끊고 봇맘을 찾을 방법을 생각했다.

1. 집에 앉아서 기다리기

봇맘은 현명하고 강하고, 우리를 사랑하니까 기다리면 꼭 돌아올 것이다. 하지만 가만히 앉아서 기다리다가는 가슴이 터질 것 같다.

2. 로봇 경찰에 신고하기

하지만 로봇 경찰은 로봇을 범죄자처럼 함부로 다룬다는 소문이 있다. 혹시라도 봇맘이 로봇 경찰들 때문에 불쾌해질까 봐 내키지 않았다. 더구나 로봇공학자인 아빠네 집 로봇이 사라졌다고 하면, 앞으로 아빠가 만든 로봇을 아무도 안 살지도 모른다.

3. 내가 직접 찾기

위험할 수도 있지만…….

"그래, 3번이야. 내가 없어졌다면 봇맘도 분명 목숨을 걸고 나를 찾았을 거야."

불끈 힘이 났다. 나는 벌떡 일어나 아빠의 연구실로 달려갔다.

"아빠, 내가 직접 봇맘을 찾을래요. 아빠는 봇맘이 어제 우리 집을 나간 순간부터 어디로 갔는지 확인해 주세요. 그 길을 따라 가 볼게요. 단서를 찾을 수 있을 거예요."

"흠……, 알았다, 진진. 대신 조심해야 한다."

나는 도움이 될 만한 로봇 몇 개를 챙겨 나왔다. 아빠는 우리 집과 거리의 보안 시스템에 들어가 봇맘의 흔적을 찾아 전화로 알려 주었다.

"진진, 봇맘은 어제 저녁 6시쯤 집을 나서서 학교 쪽으로 간 것 같구나."

아빠의 말에 따라 발걸음을 옮겼다.

"학교가 가까워질수록 봇맘은 더 빨리 걷고 있었어. 자꾸 주위를 두리번거리고 네게 전화도 걸고 있었어. 혹시 어제 전화 못 받았니?"

그때는 로미의 집에서 자느라 전화가 오는 줄도 몰랐다.

"아빠, 봇맘이 학교 안으로 들어갔어요?"

"아니. 학교 건너편에 있는 골목, 미로 3길로 들어갔어."

나도 미로 3길로 들어갔다. 싸이몬의 가게가 있는 골목이었다.

"어? 진진. 봇맘의 도로 감시 센서가 갑자기 흐려졌어. 잠깐만 기다려 봐. 금방 확인해 볼게."

기다리는 시간이 너무 길게 느껴졌다. 바로 그때, 어제 봇맘에게 싸이몬의 가게에 들렀다 간다고 했던 게 생각났다. 혹시 봇맘이 나를 찾아 싸이몬의 가게로 간 게 아닐까? 그렇다면 바로 여기, 이 골목 어딘가에 흔적이 남아 있을 것이다.

가방에서 꿀벌 스파이 로봇을 꺼냈다. 꿀벌 스파이 로봇은 원래 유리창 청소 로봇이었는데, 탐정 놀이를 좋아하는 나를 위해 아빠가 스파이 로봇으로 개조해 주었다. 벌집을 열면 수 백 마리의 꿀벌이 날아가 구석구석 깨끗이 유리창을 청소하는 대신에 흩어져 이것저것 정보를 수집한다.

"꿀벌들아, 봇맘을 찾아 줘."

벌집을 열었다. 노랗고 보송보송한 꿀벌들이 날아올랐다. 꿀벌들은 웽웽거리며 골목을 샅샅이 뒤졌다. 그런데 싸이몬의 로봇 가게 앞으로 날아간 꿀벌들이 땅으로 픽픽 떨어졌다. 나는 떨어진 꿀벌들을 싸이몬의 가게에서 멀리 떨어진 곳으로 들고나왔다. 꿀벌들은 곧 기운을 차리고 다시 날았다. 하지만 싸이몬의 가게 앞으로 가서 또 아래로 떨어졌다. 싸이몬의 가게에서 꿀벌의 움직임을 방해하고, 도로 감시 센서를 흐리게 하는 강력한 전파가 나오는 것 같았다. 역시 수상하다, 저 가게.

나는 싸이몬의 가게 앞에 섰다. 저기를 다시 들어가려고? 미쳤지, 미쳤어. 뒤돌아섰다. 아니다. 봇맘이 저기 있을지도 모르는데 그냥 돌아간다고? 그건 안 되지. 악당 싸이몬이 봇맘을 분해해 변신 로봇 손가락을 뚝 떼어 내고 있을지도 모르는데?

다시 싸이몬의 가게 앞으로 돌아섰다. 숨을 크게 들이마셨다. 나는 수상한 그 가게의 문을 벌컥 열었다.

"누구야? 오늘 장사 안 해."

싸이몬의 거친 목소리가 들렸다.

"진진이에요."

쾅, 철문 닫히는 소리가 들렸다. 싸이몬이 저벅저벅 걸어 나왔다.

"무슨 일이냐?"

"저기……. 저도 강아지 로봇을 사려고요."

"너, 제정신이냐?"

싸이몬은 의심스러운 눈초리로 나를 쳐다보았다.

"그럼요. 로미네 도리도리가 정말 귀여워서요. 충성스럽기도 하고……."

하긴 그 충성스러운 도리도리에게 물렸던 사람에게 할 말은 아니었다. 하지만 다른 핑계거리가 생각나지 않았다. 싸이몬은 눈을 부라리며 나를 쳐다보았다. 나는 문 앞에 있는 푸들 로봇을 덥석 집어 들었다.

"이거 정말 마음에 들어요. 근데 목소리가 별로더라고요. 목소리를 바꿔 줄 수 있나요? 아저씨는 로봇도 잘 고치고, 또……."

아 정말, 내가 무슨 소리를 하고 있는지 모르겠다. 단서를 찾으려면 최대한 가게 안에 오래 머물러야 하는데 이런 횡설수설로 얼마나 시간을 끌 수 있을지 모르겠다.

"오늘은 장사 안 한다고 했다."

"왜요?"

푸들 로봇을 내려놓고 주머니에 손을 넣었다. 챙겨온 로봇 손톱이 잡혔다. 나는 주머니 속에서 몰래 로봇 손톱을 붙였다. 로봇 손톱은 두꺼운 벽이나 철문 속을 꿰뚫어 보는 스캐너 로봇이다. 아빠의 모니터에 단서가 될 영상이 뜨길 바라며 가게 벽을 손으로 쓱 쓸었다.

"뭐 하는 거냐?"

"아뇨, 그냥. 생각 좀 하느라고요. 우리 아빠가 되게 바쁜 척해서 이런 거 잘 안 고쳐 주거든요. 그냥 아저씨가 고쳐서 팔면 안 돼요? 저기 테이블 위에 장비 많던데. 거의 로봇공학자 수준이잖아요."

슬금슬금 테이블로 걸어가 그 주변을 살폈다. 전부터 의심스러웠던 철문에 로봇 손톱을 대려고 손을 뻗었다. 싸이몬이 몸을 날려 내 앞을 가로막았다.

"그만 나가. 나도 곧 나가야 해."

"아, 네."

어쩔 수 없이 돌아섰다. 그 때 테이블 위에서 구겨진 캐릭터 밴드를 발견했다. 싸이몬 몰래 밴드를 뜯어 펴 보았다. 내가 봇맘의 상처에 붙여 준 화성인 캐릭터 밴드였다.

"아저씨, 이거……"

아니다. 지금 따져 묻는 것은 위험하다. 무작정 덤비는 게 용기가 아니다. 먼저 준비를 단단히 하고 한 방에 보내 버려야지!

조용히 가게를 나왔다. 속에서 뜨거운 것이 울컥울컥 올라왔다. 침을 꿀꺽 삼켰다.

'봇맘, 거기 있지? 조금만 참아. 내가 꼭 구해 줄게.'

로봇공학자가 들려주는 로봇 이야기

로봇과 함께 하는 미래

 **보이지 않는 로봇 세상이 곧 온다고요?**

 지금은 우주 공간이나 위험한 공장, 병원에서 사람이 직접 하기 어려운 일을 도와주는 로봇들이 많아. 점점 우리 일상생활 속에서 로봇을 만나는 일이 많아지고 있지. 특히 집, 냉장고, 자동차 등 우리가 이미 쓰고 있는 제품들 속에 로봇 기술이 들어가면서 '보이지는 않는' 로봇들이 점점 늘어나고 있는 추세야. 자동차에 로봇 기능이 더해지면 사람이 직접 운전하지 않아도 자동차 스스로 도로 정보를 파악해 빠르면서도 안전하게 목적지까지 운전해 줄 수 있어. 또 건물에 로봇 기술이 더해지면 열쇠나 번호 키가 없어도 현관문이 주인을 인식하고 스스로 문을 열어 줘.

이렇게 보이지 않는 로봇 세상이 오면 사람들의 삶은 더욱 편리해지겠지만 걱정거리도 그만큼 늘어나. 특히 개개인의 사생활을 보호 받기가 점점 어려워질 거야. 누군가 나쁜 마음을 먹고 내 컴퓨터를 해킹하면 내 건강이나 재산 정보 등을 그대로 알 수 있듯이, 로봇을 악용해 누군가를 감시하고, 해를 가할 수도 있거든. 그래서 로봇공학자들은 로봇 기술의 장단점을 세심하게 고려해서 문제를 예방하는 기술까지 연구하고 있단다.

 ### 로봇이 인간을 해치면 어떡하죠?

 영화를 보면 사람보다 더 똑똑해진 로봇들이 반란을 일으켜 인간을 공격하기도 해. 하지만 로봇이 스스로 반란을 일으키는 일은 거의 없어. 로봇의 생각은 인간이 만들어 넣어 주는 것이고, 로봇은 스스로 그것을 바꿀 능력이 없으니까. 물론 로봇이 바이러스에 감염되거나 프로그램 오류로 고장이 나서 제멋대로 움직이다 사람을 공격할 수도 있어. 또 나쁜 마음을 먹은 사람이 다른 사람을 해치기 위해 로봇을 이용할 수도 있지.

실제로 로봇 기술은 전쟁에 사용되기도 했어. 2001년 아프가니스탄 전쟁에서 미국은 '프레데터'라는 무인 군용기를 이용해 아프가니스탄을 공격했지. 미국에서 조종사들은 아프가니스탄에서 프레데터가 보내는 영상을 보면서 미사일을 발사했어.

이처럼 세계 여러 나라가 군사용 로봇을 활발하게 연구하고 있어. 특히 사람이 조종하지 않고 로봇이 스스로 판단해 적을 죽일 수 있는 킬러 로봇을 연구하고 있어서 문제가 되고 있지.

봇맘 구출 작전

"아빠, 싸이먼 아저씨네 가게로 오세요. 봇맘이 여기 있는 것 같아요."

내 말이 끝나기도 전에 아빠가 나타났다. 아빠는 로봇 손톱에 스친 영상을 보고 곧바로 스케이트 보드를 타고 달려왔다고 했다.

"아빠, 봇맘이 저 안에 있는 것 같아요. 봇맘한테 붙여 준 밴드가……."

"응, 나도 봤어."

"정말 직접 봤어요? 혹시 봇맘이 쓰러져 있던가요? 안 다쳤어요?"

결국 울음이 터졌다. 아빠는 내 어깨를 톡톡 토닥였다.

"진진아, 지금은 울 때가 아니야."

"알아요. 우리 당장 출동해요."

나는 주먹으로 눈물을 쓱쓱 닦고 싸이몬의 가게 앞에 섰다. 아빠가 내 손을 꼭 잡았다. 우리는 악당 싸이몬에게 붙잡힌 우리 가족 봇맘을 구하러 간다.

아빠가 싸이몬의 가게 문을 힘껏 밀었다. 하지만 문은 꿈쩍도 하지 않았다. 이미 싸이몬이 안에서 잠가 버린 것이다.

"보안을 해제할 다른 방법은 없어요? 해킹이라던가……."

"해킹? 아니. 더 쉽고 빠른 방법을 쓰자."

아빠는 타고 온 스케이트 보드를 번쩍 들었다. 특수 세라믹으로 만든 아빠의 스케이트 보드는 아주 단단해서 방탄유리도 깨뜨릴 수 있다.

"가끔은 원시적인 방법이 최고야. 조금 물러나거라."

아빠는 스케이트 보드를 번쩍 들어 가게의 유리창을 박살 냈다. 요즘에는 아무리 무식한 강도들도 이런 방법은 쓰지 않는다. 당장 경찰이 출동하기 때문이다. 우리야 경찰의 도움도 필요하니 일석이조인 셈이다.

우리는 곧장 가게 안으로 달려 들어갔다. 놀란 싸이몬이 벌떡 일어났다.

"뭐야? 이건 불법 침입이야. 신고할 테야."

"신고? 우리가 바라는 바다. 이 악당아."

난생처음 들어 보는 아빠의 거친 목소리였다.

"저기예요, 아빠. 저 문 안쪽에 있을 거예요."

나는 곧장 철문으로 달려가 손잡이를 잡아당겼다. 하지만 문은 꿈쩍도 하지 않았다. 싸이몬이 허둥지둥 달려와 나를 문에서 떼어 냈다.

"봇맘을 왜 여기 와서 찾아? 여긴 아무도 없으니까 당장 나가."

"이미 다 알고 왔거든. 목숨이 아깝다면 당장 비켜."

아빠는 만화영화에나 나올 법한 대사들을 읊었다. 위태로운 상황인데도 이상하게 웃겼다.

"에잇, 좋게 말로 하려고 했더니 안 되겠군."

싸이몬은 아빠가 달아 준 힘세고 튼튼한 로봇 다리를 번쩍 들어 날아 차기를 했다. 아빠는 로봇 다리를 힘껏 굴러 용수철처럼 튀어 올라 악당의 날아 차기를 피했다. 위험한 스포츠를 즐기며 단련한 몸과 마음이 빛을 발하는 순간이었다.

"제일 성능이 좋은 로봇 다리를 너에게 달아 줬을 것 같냐? 내 최신 로봇 다리의 공격을 받아라!"

아빠는 너무 높이 뛰어오르는 바람에 천정에 머리를 콩 박았다. 하지만 당황하지 않고 재빨리 훌륭한 로봇 다리로 싸이몬을 걷어찼다. 아빠가 보여 준 옛날 만화영화 속 '로보트 태권V'처럼 멋진 발차기였다. 싸이몬은 넘어지면서 벽에 머리를 부딪혔다. 아무렇게나 쌓여 있던 중고 로봇들이 우르르 무너져 내렸다.

"에잇, 가만 두지 않겠어."

싸이몬은 두 손으로 머리를 감싸 안으며 일어서서는 비틀비틀 걸어왔다. 아빠는 두 팔을 높이 들고 싸이몬 앞에 서서 외쳤다.

"아직 안 끝났다, 이 사이보그 악당아. 로봇 바이러스 공격을 받아라."

아빠는 손에 쥐고 있던 둥근 공을 공중으로 던졌다. 공은 공중에서 잘게 부서져 비눗방울이 되었다. 비눗방울은 둥둥 떠다니며 로봇에 달라붙었다. 바닥에 흩어진 중고 로봇과 장난감 로봇, 로봇 부품, 아빠의 로봇 다리와 싸이몬의 로봇 다리에도 다닥다닥 붙었다. 그런데 싸이몬의 로봇 다리에 붙은 비눗방울만 탁탁 터졌다. 그 순간 싸이몬의 다리가 나무 막대기처럼 뻣뻣하게 굳었다.

"으으, 다리가, 다리가 안 움직여."

싸이몬은 꼼짝도 못 하고 있었다.

"으하하. 로봇 바이러스의 맛이 어떠냐? 다른 로봇에게는 아무

런 해를 주지 않고 오직 네 로봇 다리 JJ-LK2019만 못 쓰게 만드는 바이러스 폭탄이다."

"안 돼. 내 다리, 내 다리 내 놔!"

싸이몬은 두 손으로 다리를 잡고 억지로 움직이려고 애썼다. 하지만 다리는 꿈쩍도 하지 않았다. 싸이몬은 뻣뻣해진 다리를 바닥에 꼭 붙인 채 두 팔을 허우적댔다. 그러다 그만 넘어지고 말았다. 아빠는 양손으로 'V'를 그리며 웃었다.

"역시 옛날 스타일이 좋아! 통신으로 바이러스를 퍼트리는 것보

다 폭탄이 훨씬 폼 나지 않냐? 으하하."

아빠는 악당과 싸우는 영웅 놀이에 푹 빠져 있었다. 하지만 나는 봇맘을 구출하는 게 더 급했다. 나는 테이블 위에 놓인 커다란 망치를 번쩍 들었다. 엄청나게 크고 무거웠지만 봇맘을 위해서라면 문제될 게 없었다.

"아빠, 이 문을 열어야 해요. 이 안에 봇맘이 있을 거예요."

내가 망치로 막 문의 손잡이를 내리치려는 순간 검은 철문이 벌컥 열렸다. 안에서 나온 것은 다름 아닌 봇맘이었다.

"봇맘, 괜찮아? 도대체 어떻게 된 거야? 표준 오프된 줄 알고 얼마나 걱정했는데. 안 다쳤어? 여긴 왜 왔어?"

봇맘을 덥석 안았다. 봇맘은 내 어깨를 토닥였다. 아빠가 껄껄걸 웃었다.

"걱정 시켜 미안해, 진진. 표준 오프됐다가 방금 깨어났어. 이젠 괜찮아."

"역시 내가 선견지명이 있었구나. 봇맘의 표준 오프 기능을 좀 바꿔 놨지. 표준 오프되면 원래 주인이 다시 켤 때까지 전원이 꺼져 있어야 하는데, 12시간이 지나면 자동으로 켜지게 내가 몰래 바꿔 놨거든."

"아빠, 잘했어요. 역시 우리 아빠야."

우리 봇맘은 절대로 사람에게 위험할 일은 하지 않으니까 표준 오프 같은 거 없어도 된다. 봇맘은 평범한 로봇이 아니니까. 하지만 봇맘은 내 생각과 달랐다.

"박사님, 그건 불법입니다. 법대로 해 주십시오."

"봇맘에게 유리한 건데, 그냥 두면 안 돼?"

"안 돼, 진진. 로봇법은 로봇과 인간이 사이좋게 살아가기 위해 만든 거야. 개개인의 편의에 따라 몰래 바꾸는 건 옳지 않아. 결국엔 혼란이 일어날 거야."

봇맘의 말이 옳았다. 그래도 나는 봇맘이 조금 특별한 채로 남았으면 좋겠다.

그때 마침 시간을 딱 맞춰 경찰들이 들이닥쳤다. 아빠는 경찰에게 싸이몬을 넘기며 사건을 설명했다.

"가게 주인이 당신 로봇을 납치했다고요?"

경찰은 싸이몬의 신원을 조회했다. 싸이몬은 이미 이전에도 여러 건의 로봇 도난 사건을 일으킨 용의자로 수배 중이었다. 주로 로봇을 훔친 뒤 개조해서 다른 나라에 밀수출했단다.

"우리 봇맘을 다른 나라에 팔려고 한 거예요? 어떻게 그럴 수 있어요? 봇맘은 우리 식구라고요."

나는 싸이몬에게 꽥 소리를 질렀다. 싸이몬은 사과를 하기는커녕 뻔뻔스럽게도 우리 아빠를 원망했다.

"처음부터 봇맘을 해칠 생각은 아니었어. 하지만 굴러 들어온 변신 로봇 손가락을 그냥 보낼 수는 없잖아. 이게 다 강 박사 때문이야. 날 로봇으로 만들어 줬으면 봇맘을 보고도 그런 생각은 안 했을 거라고. 내 머리를 착한 인공지능 프로그램으로 바꿔 줘 봐. 내가 로봇 천사가 되었을지 또 알아? 봇맘인지 하는 저 로봇의 기능은 계속 업그레이드해 주면서 나는 왜 안 해 줘? 이건 불공평해."

"아저씨는 사람이잖아요. 사람은 스스로 노력해서 업그레이드하는 거예요."

"아, 몰라, 몰라, 몰라. 난 언젠가는 꼭 로봇이 될 테야. 두고 보라고."

싸이몬은 소리를 버럭버럭 지르며 경찰에게 끌려갔다. 나는 싸이몬이 나중에라도 온몸을 로봇으로 바꿔 슈퍼 로봇이 될까 봐 걱정되었다. 슈퍼 로봇이 되면 그 힘을 이용해 슈퍼 악당이 되고도 남을 것 같아서였다. 사람들은 왜 로봇을 개발해서 이런 문제를 일으키는 걸까.

"아빠, 사람들이 괜히 로봇을 만들었나 봐요. 영화처럼 사람들이 로봇에게 당하면 어떡해요."

"그럴 리는 없지만 혹시라도 사람을 공격하는 로봇이 나타난다

해도 로봇 탓은 아니야. 로봇에게 나쁜 짓을 하게 만든 사람들 탓이지. 로봇은 스스로 결정해서 사람에게 해를 끼칠 수 없으니까. 오히려 기계와 인간 사이의 다리가 되어 우리의 삶을 풍요롭게 해 주지. 봇맘처럼."

맞다. 봇맘이 없었다면, 봇맘이 엄마처럼 내 곁을 지켜 주지 않았다면 내 인생은 얼마나 퍽퍽하고 외로웠겠어? 나는 싸이몬이 그토록 탐내던 봇맘의 변신 로봇 손가락을 꼭 잡았다.

"봇맘, 근데 어쩌다 싸이몬을 만난 거야?"

"네가 너무 늦기에 여기로 찾으러 왔어. 싸이몬이란 자가 네가 철문 안에 있다고 해서 들어갔다 갇히고 말았어."

"내가 여기 있단 말을 믿은 거야? 내가 왜 그런 창고에 들어갔겠어? 어두운 건 질색인데. 그때 난 로미 집에 있었어."

"음, 판단력이 잠깐 흐려졌어. 엄 박사님에게 인공지능 소프트웨어를 손봐 달라고 해야겠어. 걱정이 너무 지나친 것 같아."

엄마가 손본다고 고쳐지지는 않을 것 같다. 봇맘이 나를 사랑하는 한 나를 걱정하는 마음이 줄어들 리 없으니까. 가끔 걱정이 지나쳐 지금처럼 판단이 흐려질 수도 있을 것이다. 하지만 괜찮다. 이제부터 내가 봇맘을 돌볼 테니까. 나는 봇맘을 잡은 손을 앞뒤로 흔들며 집으로 향했다.

로봇공학자가 들려주는 로봇 이야기

로봇공학자가 되고 싶어요!

멋진 로봇공학자가 되고 싶은데,
어떤 공부를 해야 할까요?

어릴 때부터 로봇을 유난히 좋아하는 친구들이나 컴퓨터 같은 전자제품에 관심 있는 친구들 중에는 로봇공학자를 꿈꾸는 친구들이 많을 거야. 요즘은 로봇을 다룬 책이나 만들기 키트 등이 늘어나고 있어. 로봇 축구 대회나 로봇 만들기 대회도 있어서 다양한 방법으로 로봇을 접하고 관심을 키울 수 있지.

로봇을 만들기 위해서는 여러 가지 기술이 필요해. 특히 기계나 통신, 컴퓨터 등의 기술이 필요하기 때문에, 이와 관련된 대학이나 학과에 들어가서 공부하는 게 좋아. 요즘은 로봇공학과도 점점 늘어나고 있기 때문에 로봇공학을 배울 수 있는 기회가 점점 늘어나고 있단다.

로봇공학자는 오랫동안 로봇과 함께 지내면서 로봇을 친구처럼 가족처럼 친근하게 여기는 것이 가장 중요해. 또 남들이 하는 것을 쫓기보다는 자기만의 기술을 가지기 위해 끊임없이 노력하고 연구해야 하지. 그래서 로봇에 대한 열정을 가지고 남들과 다른 것을 얻기 위해 노력할 의지만 있다면, 미래를 이끌어 가는 멋진 로봇공학자가 될 수 있을 거야.

 **로봇 축구 대회에 관해 좀 더 알고 싶어요!**

 로봇 축구 대회에서는 말 그대로 사람 대신 로봇들이 축구 경기를 펼치지. 처음에는 상자에 바퀴가 붙은 단순한 형태의 로봇으로 시작했지만 지금은 사람처럼 드리블이나  패스, 슈팅도 멋있게 할 수 있는 높은 수준으로 발전했단다.
로봇 축구 대회는 세계적으로도 유명한 대회가 많단다. 특히 월드컵 축구 대회처럼 세계 로봇 월드컵 대회(로보컵)가 있어서, 매년 열릴 때마다 관심이 뜨거워. 이와 함께 피라컵이라는 또 다른 세계 로봇 축구 대회도 있는데, 이 대회는 우리나라의 한국과학기술원의 전자전산학과 김종환 교수가 처음 로봇 축구를 창안하면서 시작되었다고 해. 이후 1997년 FIRA(세계로봇축구연맹)이 창립되고 지금까지 세계적인 대회로 발전해 왔지. 요즘은 어린이나 청소년이 참가할 수 있는 주니어 대회도 많이 늘어났어. 로봇 축구 대회뿐만 아니라 로봇 장애물 달리기 대회, 로봇 댄스 대회 등 마치 올림픽처럼 다양한 종목의 대회를 만나 볼 수 있으니 우리가 로봇을 접할 기회가 더욱 많아졌단다.

수상한 로봇 가게

1판 1쇄 발행 | 2014. 9. 26.
1판 6쇄 발행 | 2019. 11. 18.

정재은 글 | 김중석 그림 | 오준호 멘토

발행처 김영사 | **발행인** 고세규
등록번호 제 406-2003-036호
등록일자 1979. 5. 17.
주소 경기도 파주시 문발로 197(우-10881)
전화 마케팅부 031-955-3100 | 편집부 031-955-3113~20 | 팩스 031-955-3111

ⓒ 2014 정재은 김중석
값은 표지에 있습니다.
ISBN 978-89-349-6899-3 74500
ISBN 978-89-349-6150-5(세트)

좋은 독자가 좋은 책을 만듭니다. 김영사는 독자 여러분의 의견에 항상 귀 기울이고 있습니다.
독자의견전화 031-955-3139 | 전자우편 book@gimmyoung.com
홈페이지 www.gimmyoungjr.com | 어린이들의 책놀이터 cafe.naver.com/gimmyoungjr

이 시리즈는 산업통상자원부의 지원을 받아 NAEK 한국공학한림원과 주니어김영사가 발간합니다.

이 도서의 국립중앙도서관 출판시도서목록(CIP)은 서지정보유통지원시스템 홈페이지(http://seoji.nl.go.kr)와 국가자료공동목록시스템(http://www.nl.go.kr/kolisnet)에서 이용하실 수 있습니다.
(CIP제어번호 : CIP2014026983)

어린이제품 안전특별법에 의한 표시사항

제품명 도서 제조년월일 2019년 11월 18일 제조사명 김영사 주소 10881 경기도 파주시 문발로 197
전화번호 031-955-3100 제조국명 대한민국 ⚠️주의 책 모서리에 찍히거나 책장에 베이지 않게 조심하세요.